GOLDEN AGE

第一财经 CBN SMG 成员机构

八集大型电视纪录片

黄金时代

穿越黄金的历史　透视国家和民族的财富观

探寻黄金的密码　追问人类遗失的契约精神

山西出版传媒集团　山西教育出版社

图书在版编目（CIP）数据

黄金时代 / 第一财经编著. —太原：
山西教育出版社，2012.7
ISBN 978-7-5440-5577-2

Ⅰ. ①黄… Ⅱ. ①第… Ⅲ. ①世界经济-概况
Ⅳ. ①F112

中国版本图书馆CIP数据核字（2012）第138665号

黄金时代

Huangjin Shidai

总 策 划　荆作栋
统　　筹　邓吉忠
责任编辑　薛海斌　郭志强　任小明
复　　审　刘立平
终　　审　荆作栋
营销宣传　王瑞瑾
装帧设计　王耀斌
印装监制　贾永胜

出版发行　山西出版传媒集团·山西教育出版社
（地址：太原市水西门街馒头巷7号　电话：0351-4035711　邮编：030002）
印　　刷　山西新华印业有限公司
开　　本　710×1000　1/16
印　　张　13.25
字　　数　207千字
版　　次　2012年7月第1版　2012年7月山西第1次印刷
书　　号　ISBN　978-7-5440-5577-2
定　　价　48.00元

黄金，权力的标志，财富的象征。

黄金，是人类自由的枷锁，更是人类前行的风帆。

黄金，是完美制度的化身，更是契约精神的源泉。

黄金，见证了国运兴衰，折射出时代变迁。

黄金时代，不在我们身后，就在我们眼前。

《黄金时代》受访人物集影

高程
高西省
谷源洋
管清友
郭立军
郭小凌
韩昇
韩毓海
何怀宏
何志成
贺铿
胡国成
胡守钧
扈洪波
黄进
黄立茀
黄明
黄仁伟
黄卫平
黄泽民
贾麦明
金重远
李步云
李红海
李宏图
李婧
李强
李世安

梁小民
刘江永
刘林海
刘明福
刘哲昕
陆南泉
马德斌
马未都
马英俊
孟广林
潘英丽
彭兴韵
平新乔
齐东方
钱弘道
乔洪武
尚会鹏
沈丁立
沈骥如
时殷弘
舒昌善
水 皮

杨瑞龙
叶世昌
叶坦
易中天
尹伯成
袁钢明
袁鹏
袁伟时
张春年
张海冰
张闳
张杰
张军
张礼卿
张庭宾
张维迎
张卓元
赵德宇
赵锡军
郑新立
周世俭
周孝正
朱大可
朱孝远

Alan Hart
Alfred Mettler
Aram Shishmanian
Catherine Schenk
Charles Goodhart
Charles Proctor
Craig Clunas
Danny Quah
David Gornall
David Vines
Edmund S Phelps
Eric Maskin
George Magnus
Giorgio Casacchia
Fred Schrader
James Bradbourne
James Masschaele
Jeffery Nicholas
John Ross
Kenneth Jarrett
Mari Toka Yanagi
Marina Timoteo
Michael Mainelli
Miles Taylor
Natalie Dempster
Nathan Levis
Paul Velcker
Phillip Swagel
Sandro Schipani
Steve Fobers
Stewart Murray

Walter de Wet
安池寻幸
大前研一
宫崎勇
铃木靖民
行天丰雄
野口悠纪雄
白益民
曹建海
陈建洪
陈杰
陈昆
陈平
陈若英
陈梧桐
陈雨露
陈志武
陈祖洲
崔之元
邸晓燕
丁纯
丁一凡
董经胜
樊纲
费安玲
冯玮

苏振兴
谭学前
谭雅玲
汤重南
田国强
王春瑜
王德峰
王家春
王建新
王江
王庆祥
王树英
王韦
王晓秋
王新生
王勇
韦森
魏本华
魏道儒
魏忠
温天
吴景平
吴思
吴永林
奚建华
夏斌
夏维中
向松祥
徐明棋
徐世澄

序 言

为时代留一份思想的积淀

谢力
第一财经传媒有限公司副总经理
第一财经电视频道总监

不知道从什么时候开始，2012就和人类的末世联系在了一起。

我们似乎已经习惯了在自然灾害或是异常天象发生时，用“2012快到了”来作出我们下意识的解释；习惯了碰到不顺心的事情时，用“反正2012快到了”来自我解脱；好莱坞也要凑凑热闹，拍出一部《2012》，让“船票”一时间变成了热门的语汇。

2012的末世传言，注定会成为一桩笑谈。然而一个不容否认的事实是，整个世界是带着一些忧虑和迷茫，走进2012这一年的。债务危机、能源危机、气候危机，裹挟着领土纷争、政治纷争与发展模式纷争，一同挑战着人类的智慧。人类在前所未有地掌握这个星球资源的同时，也感到前所未有的迷茫；在前所未有地创造着财富的时候，也前所未有地对如何保障自身的安全感到无助。

现实中遭遇困境的时候，人们常常会希望到古人那里寻求解答。2012传言的流行，某种意义上也是一种求解的方式。

我们也在求解，而我们希望用一种积极而理性的方式求解。我们循着的线索，就是黄金。

全世界迄今为止发现的所有黄金，总共也装不满三个“水立方”的游泳池，但它却在人类数千年的历史中，掀起一次次的波澜。文明的变迁、国运的兴衰中，我们总是可以看到黄金穿行的身影。

也许会有人认为，我们的话题过于历史了。这个年代的人们关注的只是黄金价格的涨跌，只是由之带来的财富的增减。然而，随之而来的问题便是，为什么当2008年全球金融危机爆发之后，远离世界货币体系多年的黄金，却以居高不下的价格再次进入人们的视野？它从何处而来，又将折射出人类面临着怎样的未来呢？

我们会发现，黄金虽然已经退出了国际货币体系舞台的中央，然而，过去的岁月中，它仍然闪耀在世界经济体系的发展脉络之中，散发出理性的光芒。

人们总是将黄金与一个美好的时代联系在一起。由此，我们开启一个或许更为宏大的话题：人人都希望自己身处平安、富足的“黄金时代”，然而究竟怎样的条件才能成就“黄金时代”？

黄金所贯穿的历史，正是人类财富观念变迁的历史，正是人类寻求财富安全的历史；读懂黄金，或许就能读懂我们身处的这个时代。

这正是我们制作《黄金时代》一片的动力所在。我们尽力通过这部纪录片，表达我们对于这个时代有限却真诚的思考。

这是一次探寻真理的远行。我们在将近两年的时间里，采访了超过两百位嘉宾，这其中包括数位诺贝尔经济学奖得主，亲历世界重大决策的政府官员和学贯中西的思想者。他们以“黄金”为起点，以各有见地的观点，引领我们踏出智慧的每一步。

这是一次思想的交汇与激荡。我们不仅向财经界人士探寻答案，更将追寻的领域拓展到政治、历史、社会、文化等多个领域。我们深信，对任何一个时代的判断，依据的都不仅仅是经济的数据。

这是一次收获良多的创作实践。我们邀请了中国纪录片界的领军人物康健宁先生担任本片的总导演。他对时代的变迁有着敏锐的观察。在用影像表达方面，我们有着共同的愿望。

我们期待，每一次对历史的回望，对于今天和未来都是有意义的。

话题仍然回到2012。我想，其实大概并没有什么人真心希望2012的某天就真的是世界末日。对于“第一财经”来说，自然亦是如此。因为跨过2012的时候，“第一财经”就将走入他成立的第十个年头。在过去的年份，我们用日常的资讯近距离地感知时代的脉搏，用深入的专题冷峻地观察时代的肖像。我们也同样愿意倾尽气力，用沉下心来安安静静做节目的态度，表达我们内心对这个时代、这个世界的思考。这个过程很可能是寂寞的，甚至在许多人的眼中是不合时宜的，但我们深信，这样的努力，无论对我们自己还是对这个时代，都是有意义的。

尽管在世界主流财经媒体的版图上，我们还是微不足道的，尽管十年对于一个财经媒体来说，是非常年轻的，但我们会沿着诚实、理性、专业、深入的路径，继续我们对时代的关注。

感谢所有接受我们采访的嘉宾。你们对于这个时代的见解令人钦佩。我们也非常乐于将你们的思想传递给公众。

我们要特别感谢93岁的何兆武先生和105岁的杨敬年先生，你们在耄耋与期颐之年，还保持着对时代的关注与思考，这种始终如一的探求精神，值得我辈学习。

我们还要缅怀著名欧洲史学家金重远先生。创作此片时，我们曾多次求教于先生。可是节目播出时，先生却已仙逝。我们会铭记先生对第一财经的鼓励，在未来的岁月继续前行，努力不负前辈的期望，为这个我们所处的时代，留下一些有价值的、经得起时间考验的创作。

这是我们的使命，也是我们的梦想。

目录
CONTENTS

序言　为时代留一份思想的积淀

001

1 黄金的力量

黄金伴随人类文明进程。它推动了人类社会的发展，同时也让无数文明从此消失；它承载着人类的梦想与荣耀，又见证了人类的仇恨与贪婪；它激发了人类成就伟大的雄心，也诱惑出隐藏在人们心底的罪恶。它同时折射出人类灵魂的光明与阴暗，既让人类痴迷，也让人类困惑。

031

2 黄金转身

苏格拉底以自己的死，表达了对“契约”精神的信守；牛顿以个人的名义，推动了“契约”精神的深入人心。黄金见证了人类契约精神的萌芽和成长，也见证了人类商业文明的飞速发展。黄金转身，不仅仅是从自然状态变成货币，更重要的是，它为人类社会打开了一扇扬帆远航的大门。

053

3 从朱元璋到罗斯福

600年前，大明帝国皇帝朱元璋在全世界第一次发行纯信用纸币；600年后，美国总统罗斯福在西方国家第一个宣布废除金本位制。朱元璋，罗斯福，一个专制帝国的独裁君主，一个民主社会的直选总统，在时间与空间上都如此遥远的两个人物，为什么不约而同地都要选择推远与黄金之间的距离？不知道这是黄金的悲剧，还是人类的悲剧。

077

4 左右为难

从昔日的印加末代君主阿达瓦尔帕，到曾经的美国首富苏特尔，再到二战以后声名显赫的法国总统戴高乐，他们都曾希望通过黄金来寻求自身生命的安全、财富的安全和国家的安全，可是他们又无一例外地失去了安全，成为一幕幕悲剧的主角。把他们推向悲剧的黑手，其实并不是黄金本身，毫无疑问，是人类自身的贪婪。

099

5 尊贵的黄色

透过历史迷雾，搜寻黄金身影，我们猛然发现，即使在人类的不同文明处在萌芽状态彼此隔绝的时候，人们对黄金的认识也有着惊人的相似。黄金，融财富、权力与艺术于一体，无论是古埃及人、古巴比伦人，还是古代中国人、印第安人，都无一例外地选择黄金作为崇拜的对象。

123

6 论战黄金

从2600年前吕地亚第一枚黄金铸币，到200年前英国首次确立金本位制，再到80年前各国放弃金本位制，再到40年前布雷顿森林体系崩溃，为了建立一种更加合理的货币制度，人们绞尽脑汁、你来我往地探索和尝试着，但是所有的货币体系和制度又无一例外地遭遇到重大危机。世界的货币之路，到底应该朝着哪个方向走下去呢?

145

7 亚洲的黄金

日本、印度、中国，同处东方世界，同为东方民族，地理位置并非遥不可及，各自文化中也有着近似的东西。然而，过去的落后者变成了领跑者，过去的学生成为了老师，究竟是怎样的土壤、怎样的文化突变让三者的命运如此不同？日本工业先驱小栗忠顺的一颗价值40万两黄金的“螺丝钉”，似乎就是我们要寻找的答案。

169

8 理性之光

黄金见证了大英帝国的没落，黄金目睹了前苏联的解体，黄金经历了日本经济泡沫的生成与破灭，黄金参与了中国经济三十年的崛起和复兴。黄金，虽然已经退出了国际货币舞台的中央，但仍然闪耀在世界经济体系的发展脉络中，用一种理性的光芒映照着人类的美貌与丑陋，善良与邪恶，映照着人类的现在与未来。

192 世界黄金大事记

198 后记　因为我们还需要思想

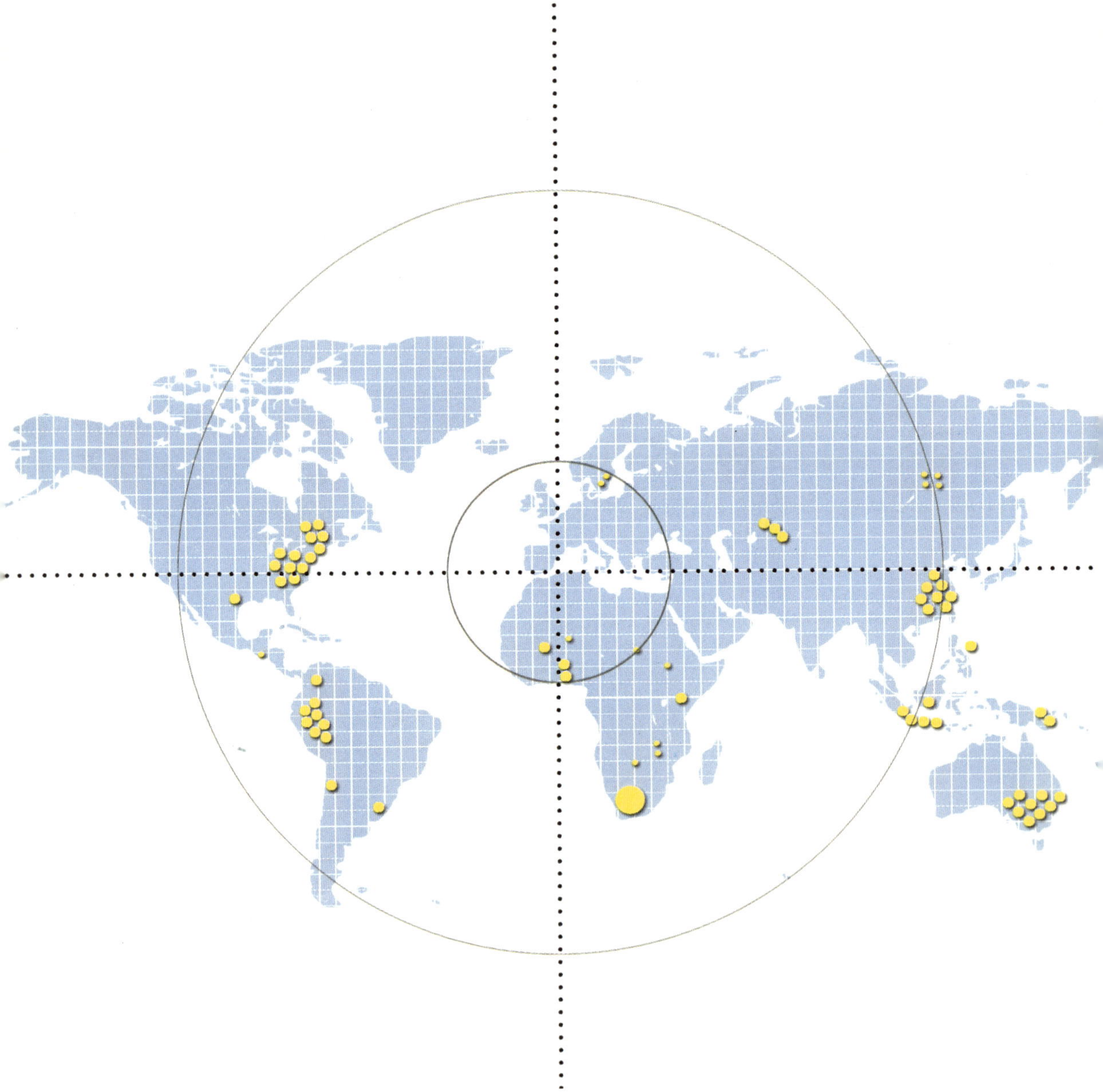

GOLDEN AGE

1

黄金的力量

黄金伴随人类文明进程。它推动了人类社会的发展，同时也让无数文明从此消失；它承载着人类的梦想与荣耀，又见证了人类的仇恨与贪婪；它激发了人类成就伟大的雄心，也诱惑出隐藏在人们心底的罪恶。它同时折射出人类灵魂的光明与阴暗，既让人类痴迷，也让人类困惑。

美国主权信用评级遭遇下调，IMF总裁卡恩被捕，美国民众掀起占领华尔街运动，引发了世界经济局势的动荡。这些看似毫不相关的事件，在根源上却无不与黄金有关。

古代迦太基的沦陷，美洲新大陆的发现，印加帝国文明的毁灭，这些看似毫不相关的事件，在根源上却无不与黄金有关。

黄金，是古埃及人眼中的太阳，是古罗马人心目中的黎明女神，是基督教先知对上帝的承诺，是佛教信徒对纯净与富贵的向往。

自古以来，黄金承载着人类的梦想与荣耀，又见证了人类的仇恨与贪婪；它激发了人类成就伟大的雄心，也诱惑出隐藏在人们心底的罪恶。

黄金，同时折射出人类灵魂的光明与阴暗，既让人类痴迷，也让人类困惑。

2011年8月5日，国际评级机构标准普尔公司突然宣布，下调美国长期主权信用评级。这是自1917年美国主权信用被授予AAA级信用以来，第一次被下调。消息公布之后，恐惧与不安立刻笼罩了全球市场，货币波动、股票暴跌，人类迎来了一场金融大地震。

在各国股票市场相继陷入低迷的同时，黄金价格却一路上涨。从2011年8月开始，黄金的价格在世界黄金交易市场不断创造历史新高。黄金，似乎在用自己耀眼的光芒和创纪录的价格提醒人们，当危机降临的时候，要保障自身财富的安全，非黄金莫属。

埃瑞克·马斯金（Eric Maskin） 美国普林斯顿大学教授，2007年诺贝尔经济学奖得主

我认为这是人们对不确定性的一种反映，人们不确定经济前景会是怎么样的。

行天丰雄 日本国际通货研究所理事长

黄金价格急剧升降，正表明世界经济的不稳定状态。

阿兰姆·施安（Aran Shishuanian） 世界黄金协会首席执行官

重要的是，黄金仍保持了它的购买力。黄金的价值是固定的，这让持有人有安全感。

信用评级

又称资信评级，指独立的第三方信用评级中介机构对债务人如期足额偿还债务本息的能力和意愿进行评价，并用简单的评级符号表示其违约风险和损失的严重程度。最初产生于20世纪初期的美国。目前国际公认的专业信用评级机构只有三家，分别是穆迪（Moody）、标准普尔（S&P）和惠誉国际（Fitch）。

标准普尔公司

由普尔出版公司和标准统计公司于1941年合并而成，1966年被麦克劳·希尔公司收购。公司主要对外提供关于股票、债券、共同基金和其他投资工具的独立分析报告，为世界各地超过22万多家证券及基金进行信用评级。目前拥有分析家1200名，在全球设有40家机构，雇用5000多名员工，每年营业收入10多亿美元。

向松祚　中国人民大学国际货币研究所副理事长

它的价值不受任何人和任何国家的制约，黄金就是黄金。

几千年来，还没有任何一种物质，能够像黄金一样，对人类的政治、经济、文化造成如此深刻的影响。它曾经塑造了帝王至高无上的权力，它曾经改变了国与国之间相处的关系，它也促进了人类的商品流通，造就了现代国际市场的雏形。黄金，甚至已经成为跨越不同种族与文化，统治世界的一种强大力量。

2011年5月14日，一条爆炸性新闻迅速占据了世界各大媒体的头版，当时担任国际货币基金组织总裁的法国人卡恩在美国纽约被警方逮捕。他被指控对一名酒店女服务员进行了性侵犯。

卡恩的被捕，成为了当时全世界热议的话题。人们都在试图还原卡恩案的每一个细节，力求找到卡恩被捕的真实原因。但其有一种说法最为耸人听闻：那就是美国原本承诺要运到国际货币基金组织的191.3吨黄金，下落不明，而据说卡恩掌握了美国黄金储备失踪的证据，因此遭人诬陷。

黄金

化学元素符号为Au，在元素周期表中原子序数为79。颜色为金黄色，硬度2~3，用指甲可划出痕迹。熔点1064℃，有“真金不怕火炼”之说。有良好的延展性，0.5克黄金可以拉成160米长的金丝。有极高的传热性和导电性，是最好的电子导体材料。不仅是用于储备和投资的特殊通货，同时又是首饰业、电子业、现代通讯、航天航空业等部门的重要材料。常以分散状态广泛分布在自然界中，是最稀有、最珍贵的金属之一，在金属市场上与钌、铑、钯、锇、铱、铂等统称为贵金属。是一种兼具货币属性、商品属性和金融属性的特殊商品。

自然界中纯金极少，常含银、铜、铁、钯、铋、铂、镍、碲、硒、锇等伴生元素。自然金中含银15%以上者称银金矿，含铜20%以上者称铜金矿，含钯5%以上者称钯金矿，含铋4%以上者称铋金矿。

诺克斯堡

在美国的肯塔基州，有一个叫诺克斯堡的小镇。与别的美国城镇不同的是，这里遍布着高压电网和游人远离的警示标志。在这栋由钢筋混凝土浇筑的两层灰色堡垒的地底，一道重达24吨的安全门后深锁着美国政府所拥有的8000多吨黄金储备中的绝大部分。而据说卡恩所知道的191吨失踪的黄金，就是从这里运出的。

从1940年诺克斯堡开始修建的那一天起，这里就长期驻扎着美国国防力量最精锐的部队，三百多辆坦克和一万多名士兵常年守卫着这里。对于绝大多数美国人而言，诺克斯堡是一个极其陌生而无比神秘的地方。

诺克斯堡建成以后，美国政府把《独立宣言》《美国宪法》这两部誉为美国立国之本和最能代表美国精神的历史文献原稿同大量的黄金一起深锁在了这里。1999年诺贝尔经济学奖得主罗伯特·蒙代尔教授曾经这样说；历史上，黄金代表着权力，是世界性支票，甚至可以用黄金去建立军队。拥有黄金的储备量是一个国家实力的象征。

杰弗里·尼古拉斯（Jeffery Nicholas） 美国贵金属顾问公司董事、总经理

美国政府大约拥有8400吨黄金储备，比其他任何国家都多。但是这些黄金储备的

作用是什么呢？它的唯一作用是增加人们对美元的信心。

娜塔莉·登普斯特（Natalie Dempster） 世界黄金协会研究员

黄金几个世纪以来都是重要的储备。一些发达经济体黄金储备达到总储备的25%，美国和欧盟的比例更高，达到百分之七八十。

金重远 复旦大学首席教授

美国为什么要把黄金这么藏起来？这终究是一个国家国力的象征啊。

戴相龙 全国社保基金理事会理事长，原中国人民银行行长

黄金是外汇储备的重要部分，它也是保值的一个最重要的工具。

魏本华 原国家外汇管理局局长

黄金对于稳定一个国家的经济，增强一个国家的影响力，从长远来看是有非常重要的作用的，这是毫无疑问的。

张卓元 中国社会科学院经济研究所研究员

现在黄金储备在我们的外汇储备中只占1.5%，太低了。我主张应该在我们的外汇储备里增加一些黄金的储备。

黄金是一种特殊的金属，它散发着太阳的光芒。在自然界，它具有超出所有金属的稳定物理属性，它因产量稀少而炙手可热，全世界都曾经为之疯狂。

黄金是人类认识最早的金属。早在一万多年前，人类就发现，蕴含黄金的矿石与一般的石头之间，颜色上存在着明显的差异。黄金的颜色鲜艳美丽，给人以阳光般的温暖。黄金的光泽，闪亮发光，耀眼如

黄金储备

指一国货币当局作为金融资产持有的，用以平衡国际收支，维持或影响汇率水平的黄金总额。黄金储备只是衡量国家财富的一个方面，它在稳定国民经济、抑制通货膨胀、提高国际资信等方面有着特殊作用，但在流动性上又有其自身局限性，因此应考虑其适度规模的问题。黄金储备量高则抵御国际投资基金冲击的能力加强，有助于维持一国的经济稳定，不过过高的黄金储备量会导致央行的持有成本增加，因为黄金储备的收益率从长期来看基本为零。而且，黄金储备的重要性在金本位制度解体以后已大大降低。

目前世界黄金储备前9位的国家或组织分别为：美国（8133吨），德国（3396吨），IMF（2814吨），意大利（2451吨），法国（2435吨），中国（1054吨），瑞士（1040吨），俄罗斯（883吨），日本（765吨）。

恺撒大帝（前100—前44）

镜。这引起了古人的注意和好奇。

古埃及人不仅把黄金比喻成太阳，还把由黄金制作出的各种首饰、护身符、器皿等物品视为可以保护生命、延续生命的神圣之物。

在古罗马时期，无论是恺撒大帝，还是图拉真皇帝，都为黄金而征战四方。恺撒大帝征服埃及之后，带回的战利品中，大部分是金冠和其他黄金制品。罗马皇帝图拉真灭亡达契亚的时候，几乎把当地所生产的黄金和白银劫掠一空。

蒂莫西·格林（Timothy Green） 黄金历史学家，《黄金时代》作者

事实上，黄金最初的两大作用是制做首饰和装饰品。而古埃及也因为其完美的黄金饰品和图坦卡蒙法老的黄金棺椁等令人惊叹的作品为人们所知。这其实也是黄金最初的历史。

马英俊 原沈阳黄金管理局局长

埃及和古罗马的文明是由黄金培植起来的。这些国家为了取得黄金，必须向周围产金国进行征战，在征战的过程中，把自己的文明传给了这

图拉真皇帝（53—117）

印有图拉真皇帝头像的金币

黄金佛像

些国家，同时被征战国家的文明也传给了他们。

自古以来，黄金就与宗教密不可分。世界上所有的宗教文化都喜欢用黄金来衬托本身的纯洁、正统与神圣。在佛教中，黄金被赋予了纯净无染、无碍通达、富贵长久的特殊含义。

从竖立在世界各大基督教堂顶上的黄金十字架，到克里姆林宫尖顶上的“黄金五星”标志，黄金被摆在了神龛中，被镶嵌在神圣的建筑上。不同地区、不同民族的人们不约而同地选择了黄金作为塑造权威标志的最佳金属。

克雷格·克鲁纳斯（Craig Clunas） 英国牛津大学艺术史教授

我认为宗教都是关于永恒的。几乎所有宗教都有一个共同点，就是它们都是有关永恒的，一些持续的时间比你我的生命要长的东西。这就很容易理解为什么黄金，作为一个能长久存在的东西，在宗教上有特殊的地位。

金重远 复旦大学首席教授

克里姆林宫

金缕玉衣

黄金多么珍贵呀！黄金涂上去的话，宗教的地位就更加提高了呀，无论是西方的天主教或者是俄罗斯的东正教，它的地位就提高了呀！

朱大可　同济大学文化批评研究所教授

因为黄金能够使神的尊严获得一种视觉上的扩张；神的力量、尊严，神跟财富的关系，都能够通过黄金这种方式直接呈现出来。而因为公众就是信众、信徒，他们怎么去理解神的伟大性？必须通过一些具体的物质性的形态，那么黄金就成了一个非常重要的介质。

在中国，黄金也被帝王所喜爱，所享用。中国古代，皇帝坐在金漆雕龙的宝座上治理天下；皇帝每天讲的话被尊为金口玉言；皇帝死后下葬的时候，还要身穿金缕玉衣，以期获得永生。

在中国历史上，唐朝尤其是一个金色狂欢的时代，皇室和贵族的日常用品多是由黄金所打造。为此，唐朝还专门设立了名为文思院的皇家作坊，负责打造宫廷所需要的金银器物。

在皇权至上的时代，由于帝王对黄金的宠爱，甚至至上而下、潜移默化地影响了普通百姓的思维和行为方式。

马未都　观复博物馆馆长

人类赋予了黄金很多文化特征，而这些特征往往都是美好的。比如中国人说金玉良言，比如说金口一开，以及其他跟黄金相关的事，凡是跟黄金相关的词汇都有对应的好词汇。

齐东方　北京大学考古学院教授

比如“一刻千金”，“惜墨如金”，就是一个人从坏变好还叫“浪子回头金不换”。一种物质最后能够影响到一个民族的语言文化，可见它对人们的影响有多深。

俞吾金　复旦大学哲学系教授

比如说我的名字俞吾金，就有一个“金”。这个“金”当然不是我取的名字，是我父母取的，但是至少反映我父母的潜意识中间，对“金”这个字是很肯定的。

黄金，在中国也成为古代文人墨客笔下经常描写的对象。一部《全唐诗》，提到黄金的地方就有近千处：

“金樽清酒斗十千，玉盘珍馐直万钱。”

“冲天香阵透长安，满城尽带黄金甲。”

“千淘万漉虽辛苦，吹尽狂沙始到金。”

“假金方用真金镀，若是真金不镀金。”

而在对待黄金的态度上，欧洲的希腊人更早具有了理性态度与忧患意识。公元前5世纪，古希腊抒情诗人品脱这样描述黄金：黄金是宙斯之子，蛀虫和铁锈都无法侵蚀它；但是人的灵魂却被这至高无上的财富所侵蚀。

对财富的占有是人类的天性，而人类衡量财富的标准一开始并不是黄金。经过长期的实践与摸索，人类逐渐发现金属的物理属性比较稳定，更容易保存和流通，是最为理想的交换媒介。所以大部分的国家，都开始选择黄金、白银或者铜、铁作为自己铸造货币的原材料。马克思在总结这段历史时曾这样说道：货币天生不是金银，但是金银天生就是货币。

姚景源　原中国国家统计局总经济师

货币是衡量商品的一个尺度，那么必然要求这个尺度不能有变化，要固定不变。如果说你的一尺今天是这么长，明天变成那么长，后天又这样了，那整个经济活动不就混乱了吗？所以要求这个价值尺度要有稳定性。那么什么具有稳定性呢？显然是黄金。

陈雨露　中国人民大学校长，央行货币政策委员会委员

黄金对交换的顺利进行起到了一个基础性的保障作用。也就是说，它对人类历史最漫长的这段商品经济时代的发展和繁荣起到了一个至关重要的核心保障的作用。

1981年在中国洛阳出土的金币

这是一枚1981年在中国洛阳出土的金币。它的背面刻着张着翅膀的胜利女神像，左边缘处镌刻有古罗马字体的铭文。

崔艳红　广东外语外贸大学教授

这枚金币是拜占庭皇帝福卡斯时期铸造的金币。福卡斯于公元602年到610年在位。这个金币重4.3克，是真正的拜占庭金币。

齐东方　北京大学考古学院教授

它主要反映了丝绸之路畅通之后，中国跟西方各个国家之间的一种交往。这些钱在中国，至少在西域，就是西北地区，曾经有一段时间是可以流通的。

丝绸之路

博斯普鲁斯海峡大桥

拜占庭金币

古代世界贸易的重要通道丝绸之路横贯欧亚大陆。两千多年前，东西方商人的驼队，往来于这条长度超过7000公里的商路。支撑他们跨越艰险，在恶劣的条件下前行的，是对黄金的渴望。在遥远的中国买来的丝绸和瓷器，到东罗马帝国拜占庭就可以换成坚挺的拜占庭金币；而这些金币，又可以到东方换取更多的奢侈品。

这里是位于土耳其伊斯坦布尔的博斯普鲁斯海峡大桥，大桥横跨的海峡是亚欧两大洲的分界线，这里是沟通欧亚两大洲的交通要道。威震全球的东罗马帝国拜占庭的首都君士坦丁堡就位于这个黄金地点之上。

金重远　复旦大学首席教授

可以说是欧亚之间的一个交通要道，现在叫伊斯坦布尔，地位还是非常重要的。现在土耳其这个国家的位置还很重要，因为它是欧亚之间的一条通道。尽管它只有5%的领土在欧洲，95%的领土在小亚细亚，在今天的亚洲，但是它的战略位置仍然非常重要。

陈雨露　中国人民大学校长，央行货币政策委员会委员

它是欧亚非的一个交汇点，所以，来自几个地方的商船实际上都到这里汇集，在这个地方交易，或者在这个地方转口。来自亚洲地区的，主要是毛皮、粮食、香料这些东西，而从欧洲运往亚洲和非洲的，主要都是首饰、工艺品、玻璃制品等东西。所以，这个地方的贸易条件是非常好的。

崔艳红　广东外语外贸大学教授

繁荣的国际贸易给拜占庭帝国带来了巨大的经济收益。我们统计了一下，在11世纪以前，拜占庭帝国仅君士坦丁堡一个城市的国际贸易和海关收入，每年都能达到720万拜占庭金币。

克里斯托弗·哥伦布（1451—1506）

黄金的光泽，不仅照耀了丝绸之路上的驼队商旅；也像一阵阵的宇宙之风，鼓荡起欧洲人探寻世界的风帆。1493年，西班牙航海家哥伦布发现了新的世界，那就是美洲新大陆。这一年的3月15日，哥伦布第一次航海归来，无数的西班牙人涌到哥伦布的身边，盛况空前。

弗朗西斯科·皮萨罗（1475—1541）

黄金激起了西班牙人贪婪的欲望，西班牙人的足迹开始遍布全球，世界地图的边界在不断地被重新描绘。西班牙人巴尔沃亚第一个发现了太平洋，西班牙人科尔特斯征服了中北美洲的阿兹特克帝国，西班牙人皮萨罗灭亡了南美洲的印加帝国。从美洲各地掠夺的黄金，经过海上源源不断地运到西班牙

西班牙黄金塔

塞维利亚的这座黄金塔中，然后再由陆路运往马德里，上缴西班牙王室。而黄金也成就了西班牙历史上的全盛时代。

迈尔斯·泰勒（Miles Taylor） 伦敦大学历史研究院院长

我觉得西欧一些人长期萦绕在心头的这个想法、这种梦想被哥伦布实现了。从那以后，很多航海家和海军都去了我们现在称之为中美洲和南美洲的地方，去解开这些谜题，找到传说中的金子。

邓钢 英国皇家历史学会院士

长期以来，欧洲人有追逐黄金的传统。他们发现，他们虽然没有发现香料的产地，没有发现丝绸的产地，没有发现陶瓷的产地，但是黄金远远胜过所有这些亚洲产品。这就刺激了他们对美洲殖民的决心，这是毫无疑问的。

朱孝远 北京大学历史系教授

哥伦布就是这样的，他是为了黄金去的。但是他还为了什么？要当什么海军大将啊，要当什么先发现土地的总督啊。所以他就各路游说。在西方，我为你做什么事，你就给我什么报酬，这种思想根深蒂固。

陈雨露 中国人民大学校长，央行货币政策委员会委员

将近半个世纪的时间里，每年，在西班牙王室的激励之下，那么多西班牙人蜂拥到了新大陆，到那儿疯狂地淘金。在这个过程中，他们每年运回来的白银是25万公斤，运回来的黄金是5500公斤。到了16世纪初，整个西班牙所拥有的金银占到了整个欧洲的83%。所以用“白银如山”形容当时崛起的西班牙的确是不过分的。

紧随西班牙人之后，英国人也扬帆出海。英国政治家沃尔特·罗利这样描述自己对海洋的热爱：谁控制了海洋，即控制了贸易；谁控制了世界贸易，即

控制了世界财富，因而控制了世界。

1675年8月10日下午3点14分，英国泰晤士河边上的一座小山上，矗立起一座新建筑，这座建筑就是今天我们所熟悉的格林尼治天文台。1884年，国际科学界决定将格林尼治天文台观测确定的时间称为“世界标准时”。

19世纪的英国，往来于泰晤士河上的远洋货船正是依靠格林尼治天文台来校正时间。而这些船只前往世界各地的目标只有一个，那就是黄金。黄金就是当时最宝贵的财富。

格林尼治子午线

陈平　北京大学国家发展研究院教授

时钟的发明，在西方的工业革命里成了一个推动力。

胡守钧　复旦大学社会学系教授

因为工业化很注重时间。独轮车时代和机械化时代、航空时代，时间的概念不一样。独轮车时代迟到半个小时无所谓，到了机械化时代，火车不会等你半个小时。

尼古拉斯·克拉夫兹（Nicoholas Crafts）　英国华威大学经济系教授

特别是以格林尼治标准时为基础，全国铁路有了标准的时间表，我想类似情况也在其他商业活动中有所表现。在一个商业化的经济体中，格林尼治标准时对商业活动十分有利。

1816年，英国率先制订了《金本位制度法案》，在世界上首先以法律的形式确定了黄金作为货币的制度。正是由于领先于世界的制度文明，使英国率先开启工业革命。一个引领世界，走向现代文明的英国把世界甩在了身后。

自此，一个国土面积不足25万平方公里，人口不超过6000万的岛国，一跃而成为

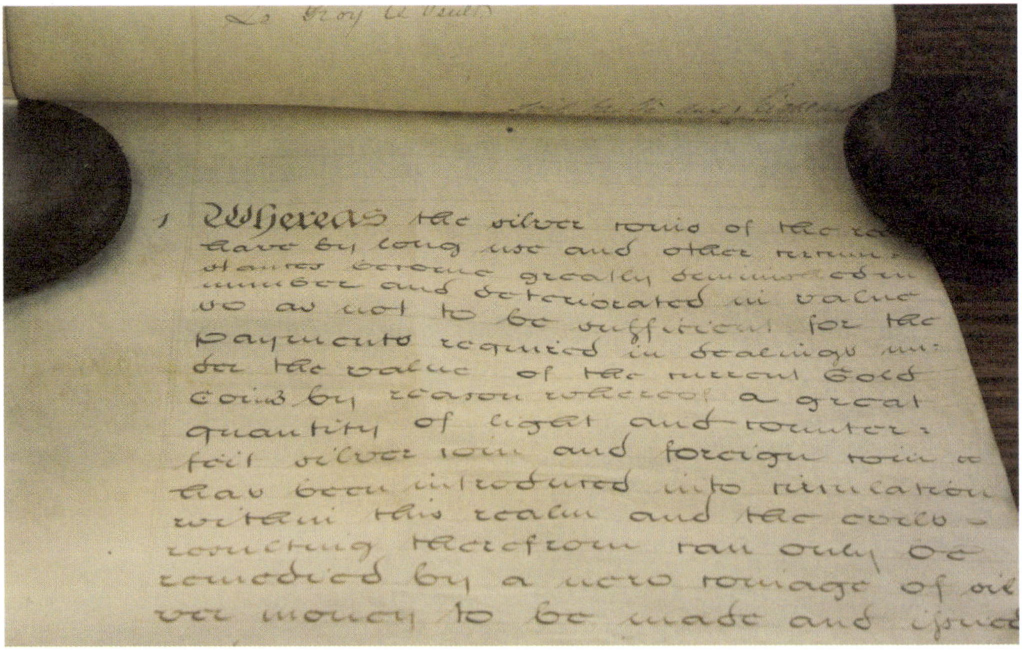
Le Roy le veult

1 Whereas the silver coins of this realm have by long use and other circumstances become greatly diminished in number and deteriorated in value so as not to be sufficient for the payments required in dealings under the value of the current Gold Coins by reason whereof a great quantity of light and counterfeit silver coin and foreign coin hath been introduced into circulation within this realm and the evils resulting therefrom can only be remedied by a new coinage of silver money to be made and issued

《金本位制度法案》

“日不落帝国”。

后来不可一世的英国人曾经这样自豪地表述：“大洋洲有我们的牧羊场，秘鲁送来它的白银，南非和澳大利亚的黄金流向伦敦，印度和中国人为我们种茶，而我们的咖啡、白糖和香料种植园遍布东印度群岛。”

季卫东　上海交通大学法学院院长

金本位最重要的实际上就是以具有稀少价值的黄金作为货币发行量的衡量尺度，然后再通过制度安排把这样一种衡量尺度固定下来。

凯瑟琳·申克（Catherine schenk）英国格拉斯哥大学国际经济史教授

建立金本位制度并确定货币与黄金的兑换价格，很大程度上加强了英镑的稳定性和人们对于英镑价值的信心。英镑甚至可以说在某种意义上代替了黄金。

尼古拉斯·克拉夫兹(Nicoholas Crafts) 英国华威大学经济系教授

金本位制对于英国非常重要，使得英国在19世纪的全球化浪潮中扮演了重要的角色，促进了投资关系、贸易关系的拓展，也确立了伦敦成为资本中心的地位。

1904年，中国清代政治家康有为在游历了英吉利等西方工业国家之后，痛彻地感受到中国在金融制度上的落后。康有为发现'，那些发达国家，都毫无例外地选择

金本位制

就是以黄金为本位币的货币制度。在金本位制下，每单位的货币价值等同于若干重量的黄金（即货币含金量）。当不同国家使用金本位时，国家之间的汇率由它们各自货币的含金量之比——铸币平价来决定。

金本位制于1816年由英国首创，19世纪中期开始盛行。1914年第一次世界大战爆发后，各国纷纷发行不兑现的纸币，禁止黄金自由输出，金本位制随之告终。之后各国虽然实行金块本位制和金汇兑本位制，但只是残缺不全的金本位制。二战后，美国主导建立的以美元为中心的国际货币体系，实际上就是一种金汇兑本位制，美国国内不流通金币，但允许其他国家政府以美元向其兑换黄金，美元是其他国家的主要储备资产。但其后受美元危机的影响，该制度也逐渐开始动摇。至1971年8月，美国政府停止美元兑换黄金，这个残缺不全的金汇兑本位制也崩溃了。

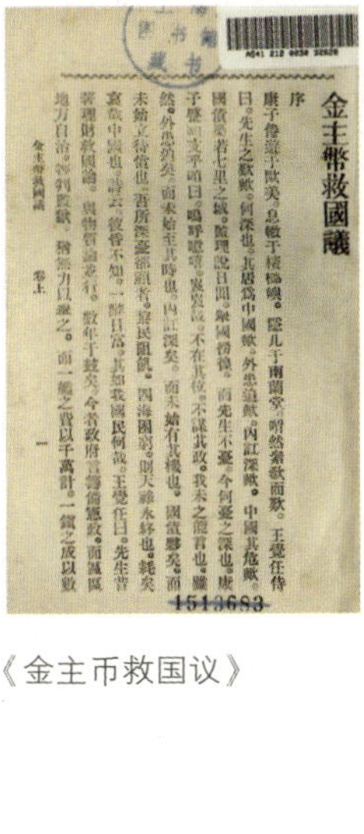

《金主币救国议》

了黄金作为货币，而中国仍在大量使用白银。回国后的康有为在1910年撰写了《金主币救国议》一书。在书中，康有为大声疾呼："夫以五千年文明之古国，万里之广土，四万万之众民，而所以致亡之理由，不过是银落金涨之故，岂不大可骇笑哉！"

吴景平　复旦大学中国金融史研究中心主任

我们银本位国家的一个弊端，一个非常极端的例子，或者说非常沉痛的例子就是所谓镑亏，就是说我们所借的大量的外债、赔款，都是以金来计价的。

叶世昌　复旦大学经济学院教授

当时中国跟外国人做生意也好，赔款也好，你赔给他的是银子，但是他用金价在算。外国金价在涨，中国的实际赔款数不就增加了吗?

胡守钧　复旦大学社会学系教授

清政府不愿意实行金本位，我们推测起来大概有两个原因。第一，他们显然认为金本位使他们在货币领域的自由受到限制。货币发多少，受到了很大的限制，他不愿意受限制。第二，黄金都在皇家和达官显贵手里，实行金本位要铸币，他们也未必愿意拿出来作为铸币的原料。但民间的黄金本来就很少嘛。

张闳　同济大学文化批评研究所教授

康有为的这种感叹，表面上是针对货币形态方面的，实际上指向的是货币制度。我们国家的银两制度，在银两的成色、重量等方面都没有精确的计量单位，国家对此也没有明确的法律规定。而西方国家在货币计量方面有着非常精确的规定，并且这种规定上升到国家法律制度层面，为经济活动提供了有效的保障。这个就是我们和西方国家巨大的落后。

徐刚　文化学者

我们无法想象康有为会在金融领域、银行领域提出这样的观点来，而这样的观点是如此切合时弊。但是最终被人弃之如敝屣，丢在一旁。因此康有为的悲剧，实际上是我们整个中华民族的悲哀。

当黄金成为货币，对财富的渴求激起了人类无穷的欲望。人们前赴后继

古迦太基遗址

印加帝国遗址

地为了黄金而来，得到更多黄金的愿望，灌注在人类社会发展的每一步当中。黄金的魔力，甚至强大到能够改变一个国家的命运。它就像魔鬼一样，可以使一个强盛的国家转瞬之间即被摧毁。

古迦太基是一座黄金城市。在希腊人和罗马人的眼里，迦太基人是不折不扣的经济动物，他们笃信人生在世的唯一目的，就是追求黄金。然而黄金最终带给他们的不是幸福，而是毁灭。公元前146年，迦太基被罗马占领，大火烧了十五个昼夜，城市被夷为平地，近十万迦太基人被杀死，活着的人沦为了奴隶，迦太基这个民族，连同他们的文字，永远地从地球上消失了。

印加是传说中的“黄金帝国”，这里的人擅长金、银、铜的冶炼和加工。15世纪上半叶，印加帝国总人口达到了600多万，进入了全盛时期。但正是弥漫在整个王国的黄金的气息，引来了西班牙人的血腥入侵。屠杀与掠夺，使印加帝国与它的灿烂文明从此消失。

二百多年前，第一部《英文大词典》作者、英国文学家约翰逊悲愤地写道：黄金是腐朽人类的最后堕落。黄金改变了人类社会的权力结构，以至于人们担心，有一天人类会被黄金彻底控制。

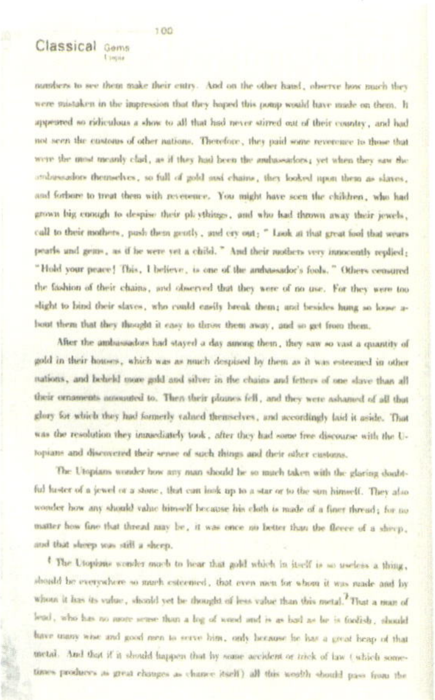
100

Classical Gems

Utopia

numbers to see them make their entry. And on the other hand, observe how much they were mistaken in the impression that they hoped this pomp would have made on them. It appeared so ridiculous a show to all that had never stirred out of their country, and had not seen the customs of other nations. Therefore, they paid some reverence to those that were the most meanly clad, as if they had been the ambassadors; yet when they saw the ambassadors themselves, so full of gold and chains, they looked upon them as slaves, and forbore to treat them with reverence. You might have seen the children, who had grown big enough to despise their playthings, and who had thrown away their jewels, call to their mothers, push them gently, and cry out: "Look at that great fool that wears pearls and gems, as if he were yet a child." And their mothers very innocently replied: "Hold your peace! This, I believe, is one of the ambassador's fools." Others censured the fashion of their chains, and observed that they were of no use. For they were too slight to bind their slaves, who could easily break them; and besides hung so loose about them that they thought it easy to throw them away, and so get from them.

After the ambassadors had stayed a day among them, they saw so vast a quantity of gold in their houses, which was as much despised by them as it was esteemed in other nations, and beheld more gold and silver in the chains and fetters of one slave than all their ornaments amounted to. Then their plumes fell, and they were ashamed of all that glory for which they had formerly valued themselves, and accordingly laid it aside. That was the resolution they immediately took, after they had some free discourse with the Utopians and discovered their sense of such things and their other customs.

The Utopians wonder how any man should be so much taken with the glaring doubtful luster of a jewel or a stone, that can look up to a star or to the sun himself. They also wonder how any should value himself because his cloth is made of a finer thread; for no matter how fine that thread may be, it was once no better than the fleece of a sheep, and that sheep was still a sheep.

The Utopians wonder much to hear that gold which in itself is so useless a thing, should be everywhere so much esteemed, that even men for whom it was made and by whom it has its value, should yet be thought of less value than this metal. That a man of lead, who has no more sense than a log of wood and is as bad as he is foolish, should have many wise and good men to serve him, only because he has a great heap of that metal. And that if it should happen that by some accident or trick of law (which sometimes produces as great changes as chance itself) all this wealth should pass from the

托马斯·莫尔（1478—1535）《乌托邦》

英国空想社会主义者托马斯·莫尔，在他的著作《乌托邦》中也提出过这样的疑问：“黄金是人类发现的，其价值也是人类所设定的，而人类在它面前，为什么总是微不足道呢？”

1921年11月5日，在“十月革命纪念日”三周年即将到来之际，俄国革命领袖弗拉基米尔·伊里奇·列宁发表了《论黄金在目前和社会主义完全胜利后的作用》的演讲。列宁说：“我们将来在世界范围内取得胜利以后，我想，我们会在世界几个最大的城市的街道上用黄金修建一些公共厕所。这样使用黄金，对于当今几代人来说，是最公正而富有教益的。”列宁的言论，从一个无产者的角度阐发了对于财富，和寄托在财富身上的贪婪和血腥所应有的革命立场。但是面对革命的现实，列宁却又不得不说道：目前在俄罗斯联邦仍然应当爱惜黄金，卖黄金的时候要卖得贵一些，用黄金买商品时要买得便宜些。

半个世纪之后，同样面对黄金的困扰，美国总统尼克松挥手斩断了黄金与美元的联系。1971年8月15日，尼克松发表电视讲话，宣布停止黄金与美元兑换的国际义务。从这一天开始，曾经被称为美金的美元，彻底与黄金失去了联系。

理查德·尼克松（1913—1994）

国家主权信用评级

指评级机构依照一定的程序和方法对主权机构（通常是主权国家）的政治、经济和信用等级进行评定，并用一定的符号来表示评级结果。一般从高到低分为AAA，AA，A，BBB，BB，B，CCC，CC，C。其中AA级至CCC级可用+号或-号分别表示强弱。

北京时间2011年8月6日上午，标准普尔宣布下调美国主权信用评级，由AAA调降到AA+，评级展望负面，这在近百年来尚属首次。而此前的7月16日，标准普尔对中国长期主权债信用评级由A+上调至AA-，维持评级展望为稳定。

尼古拉斯·克拉夫兹（Nicoholas Crafts） 英国华威大学经济系教授

尼克松感觉到体系即将崩溃，因为其他大国坚持要将美元兑换成黄金。所以他就采取了这种措施去防止他国兑换。

陈雨露 中国人民大学校长，央行货币政策委员会委员

美国的贸易逆差，美国的短期债务越来越高。如果大家都来兑换黄金的话，那些欧洲的债权国和日本都来兑换美国的黄金，美国的黄金最后一定会变得不可兑换了，不够了。

陈平 北京大学国家发展研究院教授

美元和黄金脱钩以后，全世界经历了一系列的金融危机。

陆红军 上海国际金融学院院长

它造成的最大影响就是产生了四十年的混乱，在这个混乱中，全球的通货膨胀翻了五倍。

曹建海 中国社科院投资与市场研究室主任

纸币时代就是一个不断的通货膨胀的时代，纸币时代就是一个货币不断缩水的时代。

国债钟

在纽约时报广场附近的德斯特大楼上，悬挂着一个大型的数字计数器，它实时更新着美国公共债务的总额，以及均分到每一个美国人身上所背负的债务。1989年，由纽约商人西摩尔·德斯特赞助安装的这架国债钟，更像是一个长鸣的警报器，它在时刻提醒着来往的人们关注这个国家的经济安全。

王江 上海交大高级金融学院院长

美国国债有6万亿到8万亿左右，美国的人口有3亿左右，那么平均到每个家庭可能就是几万美元，这对于美国一个普通家庭来讲是非常可观的。

梁小民　北京工商大学教授

我想这个国债钟就好像环保主义者搞的地球钟一样——地球还有几分钟，就要崩溃了。

田国强　上海财经大学经济学院院长

他们以前非常自信，但是现在发现“哦，我们穷了”。

2011年9月17日，美国“宪法日”。这一天，数千名美国普通民众从四面八方汇集到美国纽约的曼哈顿，他们在华尔街附近游行示威，静坐演讲，发起了震惊世界的“占领华尔街”运动。他们抗议政府对于金融机构的过度纵容和偏袒，认为华尔街的金融巨头们和政客们无耻地吞噬了大量的社会财富，从而让美国普通民众的生活日益艰难，并且由于政府和金融机构一系列不负责任的举动最终把美国推入了金融海啸的深渊。

向松祚　中国人民大学国际货币研究所副理事长

人类的历史，可以说就是一个通胀的历史。特别是在20世纪经历过几次恶性的通胀以后，人们对通胀是有非常痛切的感受的。所以人们始终在探讨一个办法，就是用什么办法可以有效地遏制通胀，所以大家经常怀念金本位制。

史傅德　复旦大学欧洲史教授

现在最重要的问题并不在于如何维系财富和财富的衡量标准，而在于这个衡量标准是否有自我运

占领华尔街

2011年9月17日，上千名示威者聚集在美国纽约曼哈顿，试图占领华尔街。有人甚至带了帐篷，扬言要长期坚持下去。他们通过互联网组织起来，要把华尔街变成埃及的解放广场。示威组织者称，他们的意图是要反对美国政治的权钱交易、两党政争以及社会不公。之后，“占领华尔街”抗议活动呈现升级趋势，逐渐成为席卷全美的群众性社会运动。受此影响，其他国家如德国、加拿大、澳大利亚、日本、韩国也分别举行了各自规模不同的“占领活动”。纽约警方11月15日凌晨发起行动，对占领华尔街的抗议者在祖科蒂公园搭建的营地实施强制清场。在清理过程中，一些抗议者因拒绝离开与警方发生肢体冲突，约200人被捕。

作、自我调整的能力。金本位制度是可以起作用的。

张杰　中国人民大学财金学院副院长

金本位制度就是人们崇尚自由的一种本位——崇尚经济自由，崇尚货币自由。

王德峰　复旦大学哲学系教授

金本位是最健康的、最合适的。我发行货币，如果能根据我这个国家拥有的黄金实际储备量来决定，就会大大地减弱金融领域的危机。

宫崎勇　前日本国务大臣

目前能成为主要货币的东西还不存在。但不管怎样，黄金能够保持相对稳定的价值，因此人们才会对黄金保持热情。所以，我认为回归金本位制的本来状态是合理的。

乔治·马格努斯 (George Magnus)　瑞士联合银行集团高级经济顾问

我不认为在美国，或者任何我能想到的国家，人们还会愿意用我们过去将货币和黄金捆绑起来的手段来限制自由，就像一百年或两百年前我们曾经做过的那样。

迈克尔·梅内里(Michael Mainelli)　英国格雷欣学院教授

我认为不太可能再回到金本位制度。黄金时代固然非常美好，但是我认为我们不能回去。不过，我认为那些倡导回到金本位制度的人确实触及到了非常重要的一点：我们如何维持货币的内在价值。

我们究竟应当怎样来面对危机，曾经带给世界经济繁荣的黄金是否是最后的救世主呢?

早在一万二千年前，人类还没有发明文字的时候就开始被黄金所吸引。黄金，从那时起既承载着人类的梦想与荣耀，又见证了人类的仇恨与贪婪。它激发了人类成就伟大的雄心，也诱惑出隐藏在人们心底的罪恶。黄金就是这样一个矛盾体，让人类痴迷，也让人类困惑。我们该如何面对这么一种由人类培育了多年的怪物？对于我们个人，对于国家，对于世界，黄金存在的价值和意义究竟是什么?

独家访谈

EXCLUSIVE INTERVIEW

第一财经：为什么说黄金是人类保证财富安全最为稳定、可靠的东西？

蒂莫西·格林（Timothy Green） 黄金历史学家，《黄金时代》作者

从长期来看，黄金一直被当作财富的避风港，是可以保值收藏的。如果你所在的国家处于危险或者所持有的货币开始贬值，黄金就是你最需要的东西。五十年前，当我初次看到伦敦的黄金市场时，那里的一个交易员告诉我说，黄金是你能拥有的最为坚挺的东西。那个时候，黄金的声誉之所以不错，是因为它的价格在很长时间内是固定的。在英国，二百多年来都是如此。这会让你受到保护，也许你不能从储藏黄金中获利，但是有一个基本线，即黄金的固定价格是不会变的。

在我观察黄金的四五十年间，黄金发生的最大变化是在1968年。黄金价格在这之前被固定为35美金一盎司，然而在1968年，美元因为越战而贬值，黄金的价格开始根据市场情况波动。这改变了黄金作为保值手段的情况，因为一旦黄金价格开始波动，市场上就会出现一些人单纯利用黄金获取利润。这种情况改变了黄金的属性。正如我们在过去二至五年的经济危机中所看到的，是有人希望能够将黄金当作财富的避风港，但也有人希望黄金的价格上涨，以期从中获得利润。所以现在市场上，有人将黄金当作保值的避风港，也有很多人只是进行投机获利。市场中有人依靠黄金保值，也有人看到随着经济危机的到来，黄金的价格会上涨，因此他们购买黄金等待价格的上升。这两群不同的人在影响市场。这彻底改变了黄金安全保值的历史属性。最恰当的例子可以追溯到两千多年前的罗马时代，当时已经有金币。有趣的是，两千年前的罗马时代，如果你所在的村庄或者军营即将受到袭击，你会把金币埋在地里。也许你会离开

这些地方。在两千年之后，我们发现了这些金币。这种事情很多。所以，那个时候人们是将金币当作需要保护的。“我们要受到袭击了，我们必须埋藏我们的黄金。”就是从这样的经历中，黄金的声誉建立起来了。如果你想离开一个地方，或者被包围，你必须埋黄金。你没回来，黄金就一直在那里，所以我们现在把它找出来了。

我发现很多人，包括市场上的很多人，股票经纪人而不是市场分析师，并没有意识到黄金的价格曾经是固定的。黄金的确是保值的，我来告诉你原因。关键的一点是，黄金不是任何一个人的负债。如果你拥有一块金条，那金条就是你的，你不欠任何人任何东西。它是实体存在的，属于你的，可以让人放心的东西。我想黄金的这种属性仍然存在。在一个动荡的世界，拥有一个完全属于自己的东西是让人安心的，尽管它的价格一直在变。如果你从银行获得了贷款，你会向银行欠债。如果你到银行购买一块金条，那金条就是完全属于你的。我想这是看待黄金的基本视角之一。

第一财经：2008年美国金融危机以来的百年一遇的经济危机，爆发的根源是什么？

戴相龙　全国社保基金理事会理事长，原中国人民银行行长

我认为深层次的原因还是货币制度问题，是国际货币体系问题。什么问题？就是美元。过去美元比较坚挺。过去美国的经济总量是世界一半，它的黄金储备也是世界四分之三，所以第二次世界大战以后，美国建立了布雷顿森林货币体系，美元跟黄金挂钩，35美元换一盎司的黄金；其他国家货币跟美元挂钩，汇率是固定的，美元是很稳定的。后来苏联、欧洲掌握了很多美元，知道美元会贬值，所以就去抛美元，买黄金。这样美国的黄金减少了，所以就维持不下去了。这样一个美元跟黄金挂钩的制度，于1973年宣布结束了。美元和黄金虽然不挂钩了，但是美国经济总量依然很大，美国提出美元汇率稳定的国策，另外还有七个国家进来协调货币政策，所以全球经济在很长时间还是比较稳定的。那后来又出了什么问题呢？十多年、二十年来，新兴经济体起来了，发展中国家起来了，它们的经济总量已经接近全球的40%，美国的经济总量从三分之一变成四分之一。更主要的是什么呢？美国的财政赤字很高了，当年的财政赤字占GDP的10%，现在它的债务占GDP几乎百分之百了。

再一个是美国对美元汇率的政策。美国说美元的汇率由市场决定，汇率由市场决定，好像还有一点道理，但是问题在哪里？美元是全世界的储备货币，而在美国是本币，美国是有责任维持美元汇率稳定的。要是完全由市场决定，就等于说美国对它的稳定不负责任了。所以人们就很担心，认为美国应该减少赤字，减少贸易赤字，减少财政赤字，使美元稳定下来。但是美国又大量地发放美元，弥补贸易赤字，弥补财政赤字，而且更主要的是美国还鼓励高消费，让老百姓用贷款消费。国家靠发钞票进口，这就形成了美元的一个潜在危机，十多年它贬值了40%。归根到底，为什么美国敢大量发行美元的贷款？为什么敢大量消费？就因为美元是我的本币，也是世界货币，出了问题我可以发行美元。其他国家能这样做吗？做不到。所以美国导致全球经济危机最根本的原因，就在于美元是国际储备货币。

第一财经：美国为什么要把黄金藏在诺克斯堡金库并用军队保卫？一个世界性大国为什么要储备黄金？

杰弗里·尼古拉斯（Jeffery Nicholas） 美国贵金属顾问公司董事总经理

成为世界强国并不是因为有黄金储备。我觉得应该反过来说，因为成为了世界强国，所以才有了充足的黄金储备。因为成为世界强国的过程中需要积累财富，这使得他们有了黄金。在美国，中央银行仍然有着比任何国家都多的黄金量作为储备金，这样的做法已经维持了很多年。

魏本华 原国家外汇管理局副局长

任何一个经济大国都必须持有相当储量的黄金，就如同一个富人家庭必须要有一定的资产一样，否则他怎么能叫富人？当今的资产无非是金融资产或者有形资产，而黄金兼具这两方面的属性，所以它对于稳定一个国家的经济，增强一个国家的影响力，从长远来看是有着非常重要的作用的。

编导手记

寻访黄金世界的隐者

世界上有这样一种东西，它能够轻而易举地激起世人内心最狂热的欲望，它见证了无数帝国的兴盛与衰败。无数人爱它，也有无数人恨它，但是所有的人都曾经毫无保留地信任它。这就是黄金。

《黄金时代》纪录片正是从黄金出发，探讨人类追寻财富安全的旅程。在开始接触《黄金时代》项目的时候，无论是从可获得的资料中，还是多位行业专家的口中，蒂莫西·格林这个名字一直是一个神秘的存在。资料显示，年近八旬的他是健在的黄金历史大家，几乎已经在黄金历史上投入了50年的光阴，他笔下黄金的历史源远流长，从开采到生产，从市场到收藏，一应俱全。因此在准备采访之初，蒂莫西·格林就被我列入了必访名单。

然而，联系蒂莫西·格林的采访却跟联系其他采访嘉宾不同。比如我联系诺贝尔经济学奖得主之时，还是有一个大概的方向的，可以很容易通过学校或者研究机构向这些教授发出采访邀请。但是，这位神秘的格林先生名字过于简单，google里的Timothy Green能搜出两千万条信息，其中指向我们目标的少之又少；同时，他又不依附于任何一家机构或学校。于是开始采访之后的很长时间里，蒂莫西·格林就始终是厚厚的《黄金时代》书上的名字，被书上黄澄澄的金色所掩盖。

但我始终认为格林就是我们《黄金时代》所必须要采访的人，他的声音、言论和观点绝对能为我们的纪录片增彩。在没有方向的时候，我得到了一个好消息：2011年第六届中国黄金与贵金属峰会将在上海举行。尽管这是一场黄金与贵金属行业内部的论坛会议，但我还是决定向众位专家咨询是否有人识得这位只见其名、不知其人的黄金“百科全书”。

漫长的等待之后，我等到了来自美国和英国多位专家的回信。功夫不负有心人，确有几位专家也恰巧认识这位类似归隐状态下的学界专家。当我得到蒂莫西·格林的邮箱时，我心中激动又忐忑。激动的是终于可以联系上这一神秘人物了，忐忑的是害怕这位年迈的老人无法使用现代互联网联络。

这种心情持续了多天，直到收到格林老先生的回信。这封信，可以说是一封热情洋溢的信，很少有采访嘉宾像他这样在邮件中就恨不得将毕生所学倾囊相授。信中他高度赞扬了我们这次《黄金时代》的选题，并表示非常高兴接受中国媒体的采访！

好事多磨。在我与格林先生通过邮件约好时间地点之后，我们的国内采访进度却因为过年的关系有所滞后。无奈之下，我只能三番四次地跟蒂莫西·格林修改了采访时间，好在中间没有出过多的差池。

我现在还清楚地记得我们前往伦敦黄金市场贸易协会拜访这位年迈的黄金隐者的那一个下午。格林先生就在几个月前搬离了伦敦，此次耗时两个小时才风尘仆仆地赶来，但路途上的劳顿并不影响他参与这次节目的热情。他来的时候手中拿着自己的新书《黄金的历史》，迫不及待地希望与我们分享他这么多年的研究。

采访伊始，格林先生就从历史五个阶段分析了黄金的演化。格林先生以稍许含糊的英格兰口音，从世界上第一枚金币——吕地亚金币谈起，讲到了罗马帝国的金币就好似第一次的欧元，讲到了牛顿与黄金之间默默无闻却惊天动地的关系，讲到了大英帝国开天辟地般的金本位尝试，讲到了尼克松关闭黄金窗口之后美元的称霸。

我在听格林先生回答的时候，心中就好像列出了一张详细的表格，每一个问题如果听到了合适的答案就默默地打上一个勾。渐渐地，提纲上的问题越来越多地被勾上。两个小时的时间在一个个精彩动人的故事背后飞快地流逝，直到格林表示对于他这个年纪来说，可能坐的时间有点过久了。我们才反应过来，是时候结束这次采访了。只是结束之时，我们还有些意犹未尽。把这丰富多彩的内容分门别类地放置到八集当中，每一部分都将是趣味盎然。

当然，蒂莫西·格林只是《黄金时代》多位外国权威专家中的一位，历时一年制作的八集大型财经纪录片《黄金时代》还采访了2007年诺贝尔经济学奖得主埃瑞克·马斯金、前任日本央行行长行天丰雄、福布斯集团总裁史蒂夫·福布斯、前英国央行政策制定委员会委员古德哈特等多位重量级嘉宾。光是伦敦政治经济学院，我们就整整蹲点了四天，经济、历史、文化、法律等多个领域的教授学者都被容纳了进来！我们还在那里巧遇了北京大学光华管理学院经济学教授张维迎，很快把他也拉了进来。不知道在异乡做着母语采访是不是会让人留下格外深刻的印象呢?

就在《黄金时代》纪录片创作的这段时间里，我每天都要发出数十封邮件，写各种各样的采访提纲，然后就满心期待地开始等待。我每天打开邮箱看到有新邮件的时候，心中总是一阵激动，收到同意的答复时乐得手舞足蹈，遭到拒绝时又难免有些难过。回想起来，觉得那段时间特别有意义。反观现在有时候打开邮箱，一封新邮件都没有，心中不由得失落起来。看来人果然还是不应闲，我还要向我的下一个项目继续迈进。

《黄金时代》纪录片导演　何思翀

GOLDEN AGE

2

黄金转身

苏格拉底以自己的死，表达了对“契约”精神的信守；牛顿以个人的名义，推动了“契约”精神的深入人心。黄金见证了人类契约精神的萌芽和成长，也见证了人类商业文明的飞速发展。黄金转身，不仅仅是从自然状态变成货币，更重要的是，它为人类社会打开了一扇扬帆远航的大门。

苏格拉底以自己的死，表达了对“契约”精神的信守；艾萨克·牛顿以个人的名义，将英镑和黄金牢牢联系，使“契约”精神从此深入人心。

从苏格拉底到艾萨克·牛顿，我们感念于人类契约精神的薪火相传，生生不息。

我们赞美于伊丽莎白女王能够以身作则，勤勉治国；我们更感叹于，在皇权依然威严的时代，女王能够以平等的态度，以契约的方式来谋求国家利益的最大化。

而更值得深省的是，当人类一次次地面对圣贤君王离世后的人治难题之际，英国更是领风气之先，用更高层面、更大范围的契约——法律，确认了国家发展的终极构架。

皇亲贵戚对权力的放弃，新兴阶层对权益的争取，最终用法律方式达到了平衡。也正是在法律的保障之下，黄金再次散发出耀眼的太阳之光，将人类带入了一个全新的时代。

1971年2月15日，一套全新设计的英镑从英格兰银行的铸币厂运出，开始在全球各地投入使用。这套英镑除了采用当时最先进的印刷技术和全新的币值体系外。更让人感到惊奇的是：一直以来被神话人物和历代君王头像所独占的英镑图案中，第一次出现了新的人物。在这套新版的1英镑纸币上，被誉为“科学史上最具影响力的人”——艾萨克·牛顿的形象出现在了上面。在这张1英镑的方寸之间翻转，从女王到牛顿的肖像的变换，记录的却是黄金在人类历史上曾发生过的重大转折。

艾萨克·牛顿生于1643年，英国皇家学会会员，著名的物理学家、数学家、科学家和哲学家。1687年他提出的万有引力定律和牛顿运动定律奠定了此后三个世纪里物理世界的科学观点，并成为了现代工程学的基础。

艾萨克·牛顿（1643—1727）

1699年，55岁的牛顿来到了位于泰晤士河畔的古老城堡——伦敦塔。这里是当时英国唯一的铸币厂所在地。而此时的牛顿也有了一个全新的身份：英国皇家铸币厂厂长。

成为皇家铸币厂厂长的牛顿，仍然秉持着他治学时的严谨与苛刻，对新的工作也投入了科学研究般的激情与狂热。

1717年，上任18年的牛顿提出了一项新的政策主张：就是把黄金价格固定在每盎司3英镑17先令10½便士的标准上，不允许任何人按照不同于此的价格兑换黄金。

约翰·罗斯（John Ross） 上海交通大学经济与管理学院访问教授

牛顿想要创造的是像黄金一样好的货币，就是像黄金一样稳定的货币，用英语的说法就是“像黄金一样好”。要想这么做，唯一的方法就是固定英镑与黄金的兑换比率，这就是牛顿要做的。

位于伦敦议会广场南侧的威斯敏斯特大教堂，是英国皇室举行加冕典礼的圣殿，同时也是皇室的国葬陵墓。这里埋葬着伊丽莎白一世在内的二十多位英国国王。同样让这座教堂闻名于世的，还有教堂里一个叫“诗人角”的地方。这里安卧着斯宾塞、

伦敦塔

威斯敏斯特大教堂

莎士比亚、狄更斯、达尔文等这些在人类世界文明史上星光熠熠的显赫人物。因此英国人也把这座教堂称为“荣誉的宝塔尖”。

1727年3月31日，牛顿去世之后，成为第一位埋葬于此的科学家。他的墓志铭上这样写道：“艾萨克·牛顿爵士于此长眠。他以自己发明的数学方法以及高度智慧，揭示行星的运动、彗星的轨道和海洋的潮汐。这位值得称夸的人物，岂不是全人类的光荣？”其中只字未提牛顿晚年三十年来所固守的铸币生涯。

到底是什么神秘的力量，驱使久居象牙塔、性格孤僻的牛顿，毅然决定中断自己的学术生涯而降贵屈尊于一项如此世俗的工作？

管清友　中海油能源经济研究院高级研究员

由于当时白银外流，黄金内流，黄金和白银的比价关系发生了急剧的变化，英国的货币体系出现了紊乱，当时急需采取措施保持这个货币体系的稳定。

伦敦塔内牛顿任皇家铸币厂厂长时居住地

梁小民　北京工商大学教授

牛顿希望通过把黄金的价格固定下来，然后把英镑的价格固定下来，以此来保证英镑的币值，保证英镑的信誉，也保证英国的经济发展。

履新上任的牛顿除了在铸币的重量和纯度上实行了最为严苛的标准外，他也逐渐认识到，要想从根本上重振英国的货币体系，必须利用更为有效、更为强大的社会约束力。这时，他想到的是“契约”——这个诞生于古希腊时期，历经上千年的浸润与培养，已逐渐被西方社会所认同和践行的行为规范。

3英镑17先令$10\frac{1}{2}$便士的提出，便是牛顿在精心研究了欧洲和亚洲各国的货币之后，将黄金与当时还算不上真正货币的英镑紧紧地绑在了一起。

迈克尔·梅内里（Michael Mainelli）　英国格雷欣学院教授

现在我们研究为什么金币有它的固定价格，正是在那个时候的定价使得黄金如此让人信服。

胡守钧 复旦大学社会学系教授

这是很重要的契约，这是兑换的标准化，兑换的标准就是个契约。

黄金与英镑通过统一的兑换标准被紧紧地联系在了一起。正是每盎司黄金可以兑换3英镑17先令$10\frac{1}{2}$便士这个坚定的承诺，给英镑重新注入了活力，人们相信在契约的约束下，上到君权神授的国王，下到市井中的黎民百姓，人人都无法逾越。捍卫与坚守契约这一信念像条纽带，牢固地使英国同黄金站在了一起，而黄金也为这个国家注入了强劲的发展动力，使英国走过了之后绚烂华丽的两百年。

到底是什么使契约具有了如此大的魔力，也许从西方心灵启蒙者苏格拉底之死的问题上，能够清晰地感受到在欧洲坚守契约这一信念的道德传统。

苏格拉底的学生柏拉图曾经以“不朽的灵魂”为题，完整地记录下公元前399年苏格拉底在狱中与朋友展开的一场辩论。当时71岁的苏格拉底，因为主张言论自由得罪了位高权重的保守贵族，被指控亵渎神灵和腐蚀青年而入死囚。在死刑执行前的一月内，前来探视的家人和朋友用友情、义气甚至是亲情来游说，希望苏格拉底能越狱出逃。但出乎所有人的意料，苏格拉底不为所动，拒绝越狱。

苏格拉底说：“我七十年来一直居住在这里，并享受雅典带给我的好处，实际上也和我的国家订有一种契约，默认了我们国家的法律，承认了国家和这里的人们合我的意。而现在当人们按照法律判我死刑时，我怎么能离开它呢？我怎能当法律给我好处时我就遵循它，判我死刑时我就违反它呢？”

几天后，苏格拉底喝下行刑人端来的一杯毒酒，平静

苏格拉底（前469—前399）

柏拉图（前427—前347）

地死去了。

在美国纽约大都会博物馆里珍藏着18世纪法国著名画家、古典主义画派奠基人雅克·路易·达维特的名画：《苏格拉底之死》。画家笔下的苏格拉底，脸上没有丝毫的激愤、畏惧或是悲哀，这与他周围的人形成了鲜明的对比。他为了追求善的理想，向死而生，用自己的死亡捍卫了自己对契约的信仰。而死刑又如此严酷地回报了他的贡献，成全了他的哲学。

刘哲昕 《文明与法治》作者

苏格拉底实际上是西方真正理性精神的开端，从苏格拉底之后，西方就开始进入真正的理性世界。所以我们今天在评论西方崛起的时候，会看到西方有科学，有法

《苏格拉底之死》

律，有契约，这些契约精神，包括法律精神，实际上都是理性精神的体现。而苏格拉底非常理性地、冷静地面对自己的死亡，这就是西方的一种理性精神，它高于生命。既认同国家高于生命，同时又认同理性精神高于生命，这是苏格拉底最令人震撼的地方。

朱大可　同济大学文化批评研究所教授

把契约跟自己的尊严和生命联系在一起，是西方社会一个非常重要的观念。我认为契约背后是所谓的诚信体系，就是个人的诚信问题。一个人只有有了诚信，他才能有尊严，所以诚信制度和个人尊严是密切相关的。而个人尊严，只有个人的尊严，才让契约的存在有意义和有价值。

两千年后，牛顿秉持了苏格拉底的精神，他以个人的名义，试图为英镑建立一种牢不可破的契约关系。同样，这种坚持持续贯穿了牛顿的晚年，直到他去世。

时空跨度如此之大的苏格拉底和牛顿，共同用生命诠释了不可撼动的契约精神。他们在那个契约精神随时会受到强权、专制野蛮地践踏和挑战的时代里，把对契约的信仰牢牢地攥在自己的手中，思想的光芒居然以如此方式孤独地照亮了历史前进的方向。

黄金成为货币其实并不是大英帝国的一项创举，早在他们之前，从波斯帝国到马其顿帝国、从罗马帝国到拜占庭帝国都有着黄金作为货币的历史。自公元前50年罗马大帝恺撒开始铸造发行奥里斯金币以来，这种金币广泛地流通于帝国庞大的疆域之中，东至幼发拉底河，西抵大西洋沿岸，南达撒哈拉沙漠，北临多瑙河流域，发展为欧洲首个共同市场的基础，时间长达几个世纪。

向松祚　中国人民大学国际货币研究所副理事长

当时对罗马全境的贸易的促进，货币单位的统一，当然是极其重要的，因为它的金币成了一个非常标准的，而且是非常稳定的价值标准。

朱大可　同济大学文化批评研究所教授

因为它有一个良好的契约制度来进行维系，所以这个精神在罗马深入人心，而且最后变成日常平民的基本行为方式、基本交往方式。

一枚小小的奥里斯金币，成为罗马帝国强盛一时的标志。奥里斯金币直到今天还被广大的经济学家不断提及，因为这是西方文明世界第一次的货币统一。而这次由金币促成的商业和金融的统一，并不是依靠军事力量完成的，奥里斯金币就像一名来自罗马的和平信使，无声地向四海之内宣告着这个国家的强大与辉煌。

奥里斯金币

在伦敦大英博物馆里，永久性地陈列着古罗马时期的奥里斯金币。在金币上印刻着恺撒、屋大维、戴克里先等众多闻名世界的罗马统治者的头像。今天的参观者们，仿佛仍能透过它们感受到那个古老帝国的荣光和强大无比的统治力。

王权的鼎盛为金币的广泛流通铺平了道路，但同时也为王权操纵货币打开了方便之门。就在恺撒开始铸币的同时，被誉为帝国公众事务的捍卫者、引领者和辩护者的元老院却噤声失语，沦为了阿谀奉承的角色。在罗马君王为了满足浩繁的军费开支、无尽的消费享乐，随意操纵货币生产的时候，却从没有人站出来提出异议。

日复一日的货币贬值，把罗马送上了衰亡的道路。罗马帝国再也无法像它自诩的“永恒之城”那样永远地维系下去，曾经的繁荣在统治者的穷奢极欲中崩塌，曾经的威名在人们的精神沦落中丧失。罗马帝国也只剩下了残垣断壁供人们去追忆他的光荣岁月。

蒂莫西·格林（Timothy Green）　黄金历史学家，《黄金时代》作者

从公元200年起，罗马经济发展迟缓，一切事务的发展不尽如人意。这更刺激了掌握铸币权的皇帝往金币中掺杂其他成分，比如加入更多的白银。到了公元300年，人们对罗马奥里斯金币已不再信任。

陈雨露　中国人民大学校长，央行货币政策委员会委员

国家运用它的特殊权力，强令不足值的货币按照足值的货币去交易，去充当价值尺度，它导致的最终结果就是由货币信用的丧失，发展到国家信用的丧失，最后到国家的灭亡。这是一个基本规律。

15、16世纪是一个扬帆冒险的大时代，地理大发现和随后的殖民掠夺中总是充斥着无法洗褪的、令人不快的血腥味。但不可否认，在这场前所未有的环球发现之旅中，世界范围内的黄金与白银也搭上航船，从美洲源源不断地流入

航海

欧洲，像一根神奇的魔棒一样，再次点亮了契约的要义。

出生于意大利热那亚的哥伦布，是一位极端向往东方的航海家。他先后向葡萄牙、西班牙、英国、法国等国国王兜售他的西行计划。在西班牙度过了备受冷落的四年之后，哥伦布决定去近邻的法国碰碰运气。就在他动身后一个小时，西班牙女王伊莎贝拉的马车追上了他。

在圣塔菲小城，哥伦布与王室的谈判进行了整整三个月。经过反复的讨价还价，双方最后成交，哥伦布与西班牙伊莎贝拉女王签订了著名的《圣塔菲协议》。协议规定哥伦布只用对一切开往占领地的船只投资1/8，其余由女王承担；而从他这趟航程中获得的黄金、珠宝、香料及其他商品中抽取1/10归他所有，其余由女王占有。

一个国王居然与一个平民签订契约？这一破天荒的举动让人十分费解。

朱大可　同济大学文化批评研究所教授

这在中国是不可思议的事情，而这个约定成为哥伦布一个强大的驱动力。女王给了他尊严，给了他必要的尊重，一个很重要的信任，或者说一个承诺。这对于他的个人人格是非常完美的一笔。所以哥伦布不能够失败，他必须去取得胜利。

正是这场前赴后继的地理大发现，新大陆的黄金白银滚滚而来，西方文明几千年来一直被囚困在西部欧洲狭小空间的身躯终于舒展开来，使得它在贪婪地吸吮全世界精血乳汁的过程中，迅速成长为一个史无前例的巨人。

1558年，年仅25岁的伊丽莎白成为英格兰国王。新皇继位，而在她面前的却是一个财力匮乏、军事软弱的英国。这位女王不得不大幅压缩宫廷开销，皇家舞会也偃旗息鼓。

为了增加收入，甚至臭名昭著的海盗也成了女王的座上宾。英国海盗弗朗西斯·德雷克与伊丽莎白女王模仿当年西班牙女王与哥伦布的形式，订立契约。只是这份契约的目标更为直接，那便是不择手段地抢劫西班牙从美洲获得的黄金。但是武装抢劫的风险过高，而且一个国王和海盗的牵手，难免有损皇室的尊贵与威严。伊丽莎白女王依然在苦苦寻找另一条通向经济繁荣的道路。

两年之后，德雷克和他的“金鹿号”顺利返航。德雷克给女王呈上了从西班牙船只上抢来的大量的黄金珠宝，同时还有厚厚的账本和地理资料。伊丽莎白一世如获至宝，她的目光聚焦在这些厚厚的账本上，她意识到，只有通过贸易才能雄霸全球。

朱孝远 北京大学历史系教授

海盗式的抢劫不解决问题。所以，经济政治是否能够发展，根本上还是一个经济制度的问题。工商业发展，就是伊丽莎白统治时代一个新的经济增长点，一个亮点。她不失时机地抓住了这个亮点。

“金鹿号”帆船模型

伊丽莎白一世（1533—1603）

弗朗西斯·德雷克（1540—1596）

托马斯·格雷欣（1519—1579）

在伊丽莎白女王的推动下，英国坚定地走上了重商主义的发展道路。大量的海外贸易公司在英国出现，英国这个孤悬于欧洲大陆之外的岛国，通过贸易将自己和欧洲各国紧紧相连。在这个时候，靠着走私胡椒和军火起家的英国首富格雷欣，敏锐地观察到这样一个现象：当面值相同而实际价值不同的铸币同时流通时，人们会将成色饱满的那些贵金属货币储藏起来，或者熔化，或者流通到国外。英国因此在与欧洲国家的贸易中蒙受了巨大的损失。

这一“劣币驱逐良币”的市场规律，在1857年被英国经济学家亨利·麦克劳德总结为“格雷欣定律”。

当时的格雷欣认为，只能是由伊丽莎白一世下令恢复铸币的足够成色，履行货币发行中国家对人民的契约承诺，才能渐渐恢复堂堂大英帝国、女王陛下以及所有英国商人的国际信誉，确保其在欧洲贸易中不受不足值铸币的损失。契约是立国的根本，女王也不能例外。

伊丽莎白一世不愧是英国历史上最伟大的君主，她采纳了格雷欣的意见，成立了皇家商业交易所。这里很快便成为了伦敦最忙碌的商业要地，承担着贸易往来的责任。在以后的岁月中，皇家商业交易所虽多次历经大火重建，但“皇家”二字始终保留。这种以皇权作担保的契约形式，成为了商业贸易的护身符，奠定了英国重商主义的基础。在目睹了第一次重建后迅速恢复繁荣的皇家交易所后，英国作家约瑟夫·艾迪生将其描绘为“整个地球的商业中心”。英格兰逐渐开启了伊丽莎白一世所领导的“黄金时代”的历史大幕。

史傅德　复旦大学欧洲史教授

伊丽莎白女王确实塑造了大英帝国一个新的形象，她的动力不仅来自她对政治和军事的关注，还来自她对经济的重视。

梁小民　北京工商大学教授

应该说伊丽莎白一世是英国历史上一位非常重要的国王。如果打个比方的话，就好像我们说彼得大帝在俄罗斯的地位，或者说秦皇汉武唐宗宋祖在中国历史上的地位。

李宏图　复旦大学历史系教授

按照英国历史学家的说法，伊丽莎白的时代是一个历史上的黄金时代，也是近代的分水岭，所谓近代的分水岭，就是从此以后英国从中世纪迈向了近代，那也就是说历史在这里划上了一个标志，一种界限。

1603年，在位44年的女王在把英国推向欧洲最强大的国家之后，没有留下任何子嗣，安然去世。失去了一位强而有力、克己修身的女王之后，英国还能走在契约精神指引的大道上么？

1688年，一场“光荣革命”使议会与国王之间取得了和解，并同时颁布了著名的《权利法案》。

正是这部历史性的法案，在限制王权的同时确立了议会的最高权力地位，从而为英国也为世界带来了弥足珍贵的宪政制度。契约这一西方文明的古老传统在神权与王权的光环下蛰伏千年之后，终于以法律的名义正式登上欧洲的历史舞台。

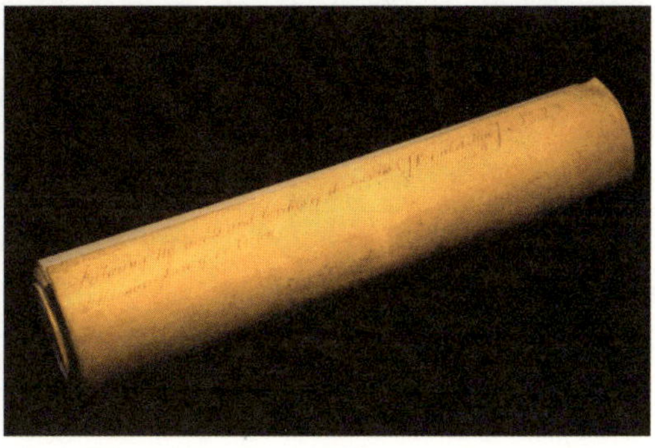

《权利法案》

詹姆士·马斯切尔　美国罗格斯大学中世纪史教授

因此《权利法案》构建了稳定性、安全性和确定性，认可了法治，即便是国王和地位高的贵族也必须尊重这些法律规范。

钱弘道　浙江大学法学院教授

《权利法案》就是一个契约，就是资产阶级跟国王达成的一种契约。它的目的是限制王权，由此产生了一种制度是君主立宪制。最后呢？民主就这么产生了。

刘哲昕　《文明与法治》作者

从1215年的《大宪章》，到1689年的《权利法案》，历史走了474年，契约也走了474年，王权和契约的搏斗也走了474年。经历过多次回合的来回摆动，最后历史的钟摆指向了一个稳定的均衡点。

季卫东　上海交通大学法学院院长

这种历史性的妥协，一方面需要统治者的明智，另外也需要被统治者一种非常理性的态度。我们可以看到，从《大宪章》到《权利法案》这个过程，是双方在一个制度化的框架内互相进行博弈的过程。

1816年英国在世界范围内率先通过了《金本位制度法案》，从法律的形式承认了黄金作为货币基础来发行纸币英镑。五年之后，这部法案被严格地执行到小数点后五位，即每1英镑含7.32238克纯金。英国由此成为历史上第一个实行金本位制度的现代国家。

《金本位制度法案》

尼古拉斯·克拉夫兹（Nicholas Crafts） 英国华威大学经济系教授

金本位是19世纪工业革命期间英国经济的基础，这是当时人们试图制定经济运行规则和规范政府行为的努力的一部分。牛顿和当时的人们担心政府可能因为自身的财政问题滥用货币权力、引发通货膨胀，因此制定金本位，要求社会人人都遵守，政府也能遵守，以这样的统一规则来避免通货膨胀的危险。因此英国最早使用了金本位制度。

邓钢 英国皇家历史学会院士

它确立了英国在全球贸易中的霸主地位。简单地说就是使英国成为一个旗帜，一个灯塔，一个大家都愿意跟它做生意的贸易伙伴。

向松祚 中国人民大学国际货币研究所副理事长

英国确立金本位制以后，英镑便成了全球最基准的货币，成了全球最主要的金融和贸易的结算货币。这在很大程度上提升了伦敦的国际金融中心地位、国际贸易中心地位，从而提升了大英帝国在当时全球经济中的影响力。

牛顿、伊丽莎白头像英镑

在一张张凝聚着黄金力量的英镑背后，开始站立起一个名叫“大英帝国”的巨人。这个时候的英国人抛开了宗教方面的争议，埋首在战舰、货船和账簿之中，整个18世纪的英国，铸币的成色从来没有被故意降低过，货币总是可以自由兑换。1850年，英国的城市人口已经超过了60%；铁产量超过了世界上所有国家铁产量的总和；煤占世界总产量的三分之二，棉布占全球的一半以上。伦敦成为当时的世界金融中心和航运中心。

此后的二百多年中，世界大多数国家紧随着英国的脚步，先后过渡到金本位制，促成了国际金本位体系在19世纪70年代的最终形成。这是一个统一的国际货币体系，虽然没有统一的货币协议，也没有集中的监管机构，但各国在黄金为载体的契约体系下，互相信任，共同合作，促成了世界经济进入一段飞速发展的“黄金时代”。

卢峰　北京大学国家发展研究院副院长

金本位时期使得全世界的货币有了一个共同的本位，有了一个共同的“锚”。

黄泽民　华东师范大学国际金融研究所所长

对于黄金来说，这也是它作为货币扮演得最体面、运行得最好的时候。

胡守钧　复旦大学社会学系教授

从更高的层面看，我认为守信、守契约是人类社会正常运转的一个前提。如果他人都不守信，你是没有自由的；他人都不讲契约，你是没有权利的，因为你的权利是别人承担义务的结果。别人都不承担义务，你就没有权利了。

经济史学家是这样感怀二百多年前的那一段美好的“黄金时代”的：“人们有一种似乎未曾有过的安全感，进步被认为是理所当然的，政治自由不断地扩大，民主制度不断地扩散，而没有哪一个国家会认为通过货币贬值来获利是一件值得骄傲的事情。”

从苏格拉底到艾萨克·牛顿，我们感念于人类契约精神的薪火相传，生生不息。总有人类的先驱手持光明的火炬，引领着世界的前行；从古罗马帝国的衰亡到大英帝国的崛起，我们赞美于伊丽莎白女王能够以身作则，勤勉治国；我们更感叹于，在皇权依然威严的时代，女王能够以平等的态度，以契约

英国皇家交易所

的方式来谋求国家利益的最大化。而更值得深省的是，当人类一次次地面对圣贤君王离世后的人治难题之际，英国更是领风气之先，用更高层面、更大范围的契约——法律，确认了国家发展的终极构架。皇亲贵戚对权力的放弃，新兴阶层对权益的争取，最终用法律方式达到了平衡。也正是在法律的保障之下，黄金再次散发出耀眼的太阳之光，将人类带入了一个全新的时代。

独家访谈

EXCLUSIVE INTERVIEW

第一财经：追溯契约精神的起源，我们会想到古希腊哲学家苏格拉底。苏格拉底是一个什么样的人？他为什么要用死来捍卫契约精神呢？

刘哲昕 《文明与法治》作者

苏格拉底是一个述而不作的人，也就是说他并不写东西，而经常跟人讨论问题。他这个人在哲学上是很有造诣的。但是有很多人对他不满，一是认为他不近神，就叫“谩神”；二是认为他有很大的影响力，把青年带坏了，说他是诱导青年。就这两个罪行，苏格拉底面对着审判。

雅典当时有6000人作为审判官。但是不是每个人都会到，当时到场的是501人，一定要奇数。苏格拉底必须为自己申辩，但是申辩没有成功，最后被判决死刑。从“谩神”的角度来讲，苏格拉底并不是没有道理的，因为他一直在追寻一个世界的本质问题。他有一句话叫“认识你自己”，还有一句话是“我知道得越多才知道我知道得越少”，说明他一直在追寻世界的本质和人的本质。人家说他不敬月神，不敬日神，那是有道理的，因为苏格拉底认为，日是一团火，月是一团土。所以从这个意义上说，他确实是有一点点不太跟当时的宗教搭调。当时整个雅典宗教还是一个拜物教，也就是说它是原始宗教。但是苏格拉底的宗教观已经走得很远了。

苏格拉底有几种办法可以免死，比如说哀求，把自己的孩子、亲属都带出来，然后哀求说要给他减轻刑罚。还有一个办法就是罚款。但是苏格拉底不愿意哀求，也没有钱去缴纳罚款。后来被关起来时，苏格拉底也有一个月的时间可以逃跑。这个时候就有人要去营救他，其中有一个很有名的人叫克力同，是他的朋友。克力同比较有钱，他到狱中多次劝苏格拉底逃走，但是苏格拉底不愿意。克力同尝尽各种办法，包括亲情、友情、义气，说你如果生了孩子，你不生也罢，你生了把他扔掉，这是不够意思的。但是苏格拉底都不为所动。最后双方在辩论的过程中，苏格拉底说了一段话，克力同从此放弃努力。这一段话非常有名，它的大意是这么说的。他说，我七十年来一直居住在这里，我和我的雅典之间，实际上已经成立了一个默认的契约，也就是我认为这里的发展、国家和人民是合我意的。我怎么可以在法律对我有利的时候我就遵守它，法律要判我死刑的时候，我就逃走呢？七十年来我如果觉得这里不合我意的话，我尽有机会可以逃走，但是我没有逃走，反推回来就是我承认这个契约对我是有效的。所以他最后说，我不能背约而逃，我必须履约。几天之后苏格拉底喝下一杯毒酒死掉了。

这是苏格拉底死亡的过程。这个过程告诉我们什么呢？苏格拉底之所以会死，有很深刻的其他原因——哲学上的原因，宗教上的原因，民族上的原因，但是最后他去赴死却为了一个很简单的理由，就是我必须守约。苏格拉底所折射出来的契约精神于此可见一斑。

第一财经：金本位制度对于黄金意味着什么？

内森·刘易斯（Nathan Lewis）《货币炼金术》作者

金本位制是将黄金作为基本价值的货币制度。即使你不用金币，你也会用纸币，可能是硬币，比如铜币或镍币购买生活用品。它们的价值和黄金挂钩，像货币挂钩一样。纸币不是和美元挂钩，而是和黄金挂钩。这种制度背后的含义是黄金稳定的价值。如果你将货币与黄金挂钩，那么货币价值也变得稳定。这种货币可能是纸币。这样的制度和浮动的货币制度很不同，就像如今的美元可能因为伯南克的一句话而改变，或者交易者故意提升或降低价值，我们不知道它五年、十年之后的价值。

马德斌　伦敦政治经济学院经济学学者

假如我是银行家，在金本位制度下，我可以保证你在任何时候都可以到我的银行来，用纸币按照政府答应你的这个固定的比例来兑换黄金。在这种情况下，老百姓就对纸币有了信心。而一旦对纸币有了信心以后，人们也就不会用纸币去交换黄金，因为黄金真正交易起来并不方便，完全可以用纸币来交易。

只要政府的承诺存在，人们就根本不用操心去用纸币兑换黄金，这样纸币的发行就会变大，也就是整个货币的供应量就会变大，从而对你的各方面的经济都起到很大的促进作用。所以从某种角度来说，这是金本位的一个精髓。

第一财经：首先确立金本位的经济制度，对后来英国的发展产生了哪些重要的作用？

邓钢　英国皇家历史学会院士

主要是维护了英镑的信誉，现在英镑的信誉也很高。英镑有了信誉，人们就免除任何疑虑了。因为黄金和白银都是公认的嘛，以前的一英镑真的是一英镑的白银，这白银还能直接折成黄金，你还要什么？你到英国来做生意，你到英国来做买卖，你到英国来投资，这个都是货真价实的。就是说它免除了你折算的一些麻烦，也没有什么现在说的通货膨胀。所以等于把你的商业风险降到非常小。它确立了英国在整个全球贸易中的一个霸主地位。英国是一个旗帜，英国是一个灯塔，英国是大家都愿意做生意的一个贸易伙伴。

第一财经：英国实行金本位并称霸世界的历史，给了我们什么样的启示？

向松祚　中国人民大学国际货币研究所副理事长

1815年至1914年间，全球的主要大国都实现金本位制。在金本位制条件下，这些主要大国之间的汇率就是永久的固定汇率。然后他们的殖民地或者当时的一些小国家的货币又和他们挂钩，等于说全世界差不多就是一个固定汇率体系。这就消除了这个汇率动荡所引起的风险和成本。所以我们会看到在19世纪的后半叶全球的贸易、全球的投资增长都是非常快的，这是第一次全球化时代。

GOLDEN AGE

3

从朱元璋到罗斯福

600年前，大明帝国皇帝朱元璋在全世界第一次发行纯信用纸币；600年后，美国总统罗斯福在西方国家第一个宣布废除金本位制。朱元璋，罗斯福，一个专制帝国的独裁君主，一个民主社会的直选总统，在时间与空间上都如此遥远的两个人物，为什么不约而同地都要选择推远与黄金之间的距离？不知道这是黄金的悲剧，还是人类的悲剧。

面临经济困境，中国明朝皇帝朱元璋在全世界第一次发行不以贵金属维系、只靠国家信用保证的纯信用纸币——大明通行宝钞。

同样是面临经济困境，美国总统罗斯福在西方国家第一个宣布废除金本位制，从此黄金不再是老百姓手中的货币。

中国明朝皇帝朱元璋，现代美国总统罗斯福，两个时间与空间上相隔甚远的历史人物，不约而同地选择了推远与黄金之间的距离。

当危机成为历史，今天的我们又可以在两人的身上得到新的思考与启示：那就是我们如何来看待与保护国家的信用。

一张美钞，主宰世界经济长达四十年之久，而如今它却迎来了挑战者，牢固的地位也渐渐出现了松动的迹象。

2011年7月8日，瑞士议会宣布将于今年讨论创立金法郎的议案。法案规定：每枚金法郎含金量为0.1克，根据国际金价浮动，由市场决定它与瑞士法郎的比价关系，并与现行纸币瑞士法郎同时流通使用。

这条消息一经发布立即在全球范围内引发了巨大的震动。

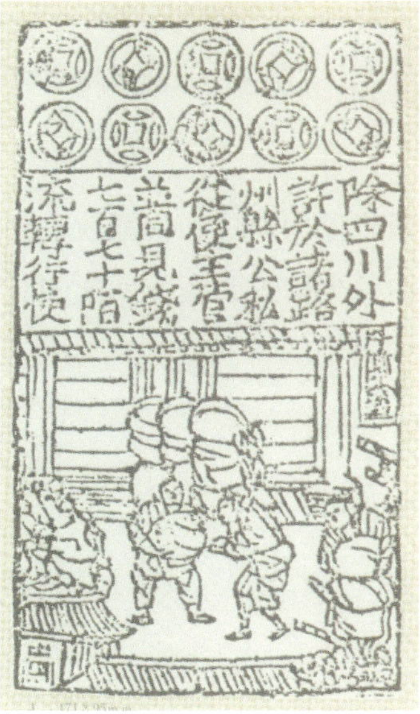

交子

迈尔斯·泰勒（Miles Taylor） 伦敦大学历史院院长

黄金使人们产生信任感。人们信任稀有、稀少的商品，人们不信任纸。

人类历史上的第一张纸币被称作“交子”。出现在公元1000年左右中国的北宋时期。与惯常使用的白银和铜钱相比，人们立刻发现纸币有很多好处，它们小巧轻盈，便于携带，于是很快得到了广泛的使用。

交子在中国诞生七百年之后，1694年，刚刚成立的英格兰银行，发行了被称作“银单”的西方世界的第一张纸币。

朱元璋（1328—1398）

从纸币出现的那一天起，以黄金为首的贵金属作为流通货币的地位和权威就受到了强有力的挑战。纸币成本低廉、便于携带，和产量固定而稀少的黄金变身而来的货币相比，它更受到各国统治者和商人们的青睐。

黄泽民　华东师范大学国际金融研究所所长

黄金作为一种商品货币，它本身是有价值的。

尹伯成　复旦大学经济学院教授

纸币是国家用权力发行的一种流通手段，它是一个货币的符号，完全是价值的符号，它本身没有价值。

潘英丽　上海交通大学管理学院教授

富兰克林·罗斯福
（1882—1945）

信用货币的发行跟黄金有一个固定的关系。你的仓库里藏有多少黄金，你才能印多少货币。

张庭宾　《黄金保卫中国》作者

现在所有的纸币都是纯信用的货币，是依靠政府或者是靠央行的信誉维系交易和使用的。

然而历史上，曾经出现了两位当权者，他们运用自己的权力改变了游戏规则，让纸币成功地脱离了黄金的管辖和束缚，摆脱了实物担保的特征，将纸币的发行寄托于国家信用。这在他们的国家，乃至全世界都产生了深远影响。这两位当权者，一位叫朱元璋，一位叫罗斯福。

公元1368年，正月初四，一个寒冷的下雪天。

这一天，朱元璋在南京宣布继皇帝位，定年号为洪武，国号为明。

江山已定，强权在手，朱元璋决定修缮都城南京的城墙。可是经过连年战乱，他尴尬地发现，自己的国库里面，几乎没有银子。

这时候，江南大地主沈万三站了出来，表示愿意为皇帝效力，捐输财富。据当时《周庄镇志》记载，沈氏“资巨方万，田产遍于天下”，是当时全国最富有的人。

沈万三资助了三分之一的建城款以示对新皇朱元璋的忠心。然而讨好的动机并不一定能博得主子的欢心。仅仅是因为商人沈万三承制的工期抢在了皇家承制的工期之前，巨大的灾难便随之而来。在朱元璋眼里，这一举动无疑触动了他至高无上的敏感神经，沈万三建城的优异成绩，便荒唐地变成了是商人们在用真金白银向皇权示威。

这位从血雨腥风中拼杀出来的铁血皇帝，脾气异常暴躁并且多疑。许多开国功臣因为让这位新皇感受到了威胁与挑战而命丧黄泉。作为富商的沈万三，在皇帝的眼中就显得更为渺小。抄家后沈家老小流放云南，1379年，沈万三最终客死他乡，再也没有回到故乡一步。

沈万三（1330—1376）

季卫东　上海交通大学法学院院长

中国的统治者，对于商人的这样一种调动财富的能力，是始终抱有一种戒备心理的。

易中天　厦门大学人文学院教授

不仅是警惕，还有嫉妒和仇恨。一个人富可敌国是不允许的。我是你的主子，哪能让你比我还富有，比我还大款？

毛佩琦　中国人民大学历史系教授

钱也是一种权力，相应地，它也会参政，也会影响社会舆论，也会影响到国家的决策。

胡守钧　复旦大学社会学系教授

有钱可以养士，有钱可以买枪支弹药，买大刀，买弓箭，也就是说有钱就可能危及统治者安全。所以财富的影响力，是历代统治者很关注和警惕的。你富可敌国，那对国家是个威胁。

1498年，也就是沈万三去世后的一百多年之后，沈家后人得到明孝宗皇帝的恩典，终于将沈万三的遗骨由西南边陲之地运回了故乡周庄，并将他安葬在老宅旁的水塘之中。一池清水将沈万三与这个世界永远分离。在水下，沈万三终于与这个纷扰的世界没有了一丝的牵连，他也许希望这一池的清水能洗去他身上的不白之冤。

在自己政权尚不稳定的时候，怎样才能找到一种相对和平的方式，既能令自己国库充沛，又能彻底削弱富有商人的权力呢？

1374年，为此头疼了很久的朱元璋亮出了苦思冥想的杀手锏——不需要金银的抵押，不需要铜钱的保证，不依赖任何实物，就是靠帝国政权的专制与威慑，强制发行纯信用纸币。

朱元璋下诏设立“宝钞提举司”，作为发行纸币的专门机构。第二年一张名为“大明通行宝钞”的纸币开始在全国范围内流通。大明宝钞以桑皮纸为原料印刷，其面值分别为一百文至五百文、一贯等。其中一贯的纸币面积最大，长32厘米，宽21厘米，犹如一张小型报纸，也是世界历史上面积最大的钞票。

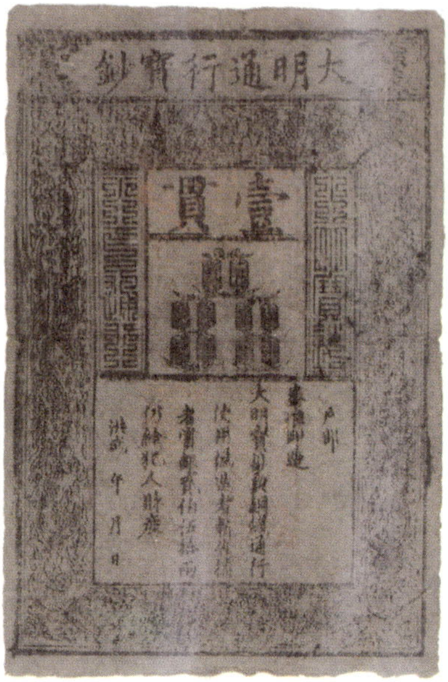

大明通行宝钞

为了推动和保障大明宝钞的流通，朱元璋专门制定了严苛的法律：民间不得使用黄金和白银，违者治以重罪。在历史典籍中，朱元璋这一举动被称为“禁银”。

就这样，朱元璋成为世界历史上第一个使一个国家摆脱黄金白银束缚的人。

万明　中国社科院明史研究室主任

他建立了帝国以后，首先要解决的一个问题是确立货币制度。但是他面临着一个客观困难，就是当时铜的原料匮乏。所以他不能完全确立一个以铜钱为主的制度。

朱子彦　上海大学文学院教授

朱元璋通过发行纸币解决了金银不足的问题，在一定程度上对明初的经济发展起到了促进作用。

王韦　南京明孝陵研究所研究员

他简单地认为，国家强权可以作为信用的支撑，所以他通过强权来贯彻整个纸币发行和实施这个思想。

克雷格·克鲁纳斯（Craig Clunas）　英国牛津大学艺术史教授

在我看来，朱元璋毕生所追求的便是“控制”二字。不管是控制经济还是整个社会，朱元璋一直希望能够大权在握，牢牢掌控。他试图通过纸币能够像掌控帝国政治一样掌控帝国经济，他对这个想法非常感兴趣。

自朱元璋之后数百年中，在世界范围内人类始终伴随着纸币与黄金币值的更迭与交替。而其中，与朱元璋发行的“大明通宝”最相似、使用时间最长、范围最广泛的纯信用纸币，正是我们今天正在使用的以美元为标准的货币。而这种纯信用纸币的缔造者，就是美国1929年经济大萧条时期执政的总统富兰克林·罗斯福。

1929年，一场空前的经济危机席卷了全美。这是自美国建国之后，面临的一场最为严重的危机。整个国家都在呼喊，希望一位有足够魄力的领导者能够站出来，带领他们走出低谷。

1933年3月4日，新上任的总统富兰克林·罗斯福面对恐慌中的美国人民发表了那个著名的就职演说：“这个伟大的国家会一如既往地坚持下去，它会复兴和繁荣起来。因此，让我首先表

1929经济大萧条

1929经济大萧条、银行挤兑

罗斯福签署法令

明我的坚定信念——我们唯一恐惧的就是恐惧本身……这个国家需要的是行动，行动，立即行动！”

他上任后的第一个重大举措就是签署了全国银行假日公告。

杰弗里·约翰斯（Geoffrey G.Joness） 哈佛商学院商业历史系教授

大萧条是美国企业的灾难，在八年内，美国国内生产总值下降了三分之一，投资下降了87%，失业率上升到25%。因此，大萧条整体上动摇了美国企业，包括农业、房地产和金融，而在最萧条的时候，有3000多家美国银行倒闭。

向松祚 中国人民大学国际货币研究所副理事长

当人们已经疯狂而不再理性的时候，停止交易。停，让大家的情绪安定下来。安定下来，避免再去大规模地挤兑银行。罗斯福认识得很清楚，如果每个人都去挤兑银行，所有的银行都得破产，都得关门。

仅仅一个月后，罗斯福根据刚刚通过的《紧急状态银行法》宣布：全国人民禁止囤积黄金和黄金券，全面禁止黄金出口。美国公民必须上缴他们所有的黄金，政府则以“20.67美元兑换一盎司”的价格收购黄金。任何私藏黄金的人，将被重判10年监禁和25万美元的罚款。

罗斯福并没有停下脚步，终于他迈出了最为大胆的一步：他宣布美国废除金本位制度。这就意味着自1816年开始，已经运行了一百多年的金本位制度在美国宣告废除。

黄仁伟 上海社科院副院长

罗斯福新政是为了走出萧条，为了把美国经济繁荣起来、刺激起来，他必须多印货币。

潘英丽 上海交通大学管理学院教授

金本位实际上就是用黄金的数量来限制货币发行的数量。假如你要大规模发行货币，那么你必须放弃金本位。

约翰·罗斯（John Ross） 上海交通大学经济与管理学院访问教授

罗斯福允许美国增加货币供给，他的政策基本上是通货膨胀政策，其基本机制就是用大额的预算赤字，实施扩张性的财政政策和扩张性的货币政策，而他进行货币扩张的方法就是使美元相对黄金贬值。这也成为很多人沿用至今的经典货币贬值方式。

国家的权力，在建立和维系货币价值方面，从来都具有关键性的作用。每一种纯信用纸币背后，都有一位强大的“朱元璋”和“罗斯福”，他们不仅代表了皇权和特权，更代表了他们身后的政权所具有的强大统治力与自上而下的执行力。

无论是封建社会的朱元璋还是民主社会的罗斯福，强势的政权都雪藏了黄金，纯信用纸币的粉墨登场带给政府无尽的便利与信心。

但很快麻烦就来了。

罗斯福在逼迫公众以每盎司20.67美元的价格上缴黄金后，很快就宣布黄金升值到每盎司35美元，这意味着美国人刚刚以黄金换到的美元在短短几个月就贬值了70%。这如同掠夺般的政策变化，为罗斯福和美国政府引来了大麻烦。1934年，美国民众为了捍卫他们神圣不可侵犯的的财产权，将罗斯福总统和美国政府告上了美国最高法院。

赫尔曼·厄柏哈特（Herman Eberhart） 罗斯福图书馆馆长

罗斯福总统的所作所为在美国历史上是前所未见的。他针对经济采取的举措，或者应该说是联邦政府针对经济采取的举措非常彻底，对很多美国人来说是完全陌生的。

Glass-Steagall Act

From Wikipedia, the free encyclopedia

The Glass-Steagall Act of 1933 established the Federal Deposit Insurance Corporation (FDIC) in the United States and included banking reforms, some of which were designed to control speculation.[1] Some provisions such as Regulation Q, which allowed the Federal Reserve to regulate interest rates in savings accounts, were repealed by the Depository Institutions Deregulation and Monetary Control Act of 1980. Provisions that prohibit a bank holding company from owning other financial companies were repealed on November 12, 1999, by the Gramm-Leach-Bliley Act.[2][3]

Glass-Steagall Act

Full title	Banking Act of 1933
Acronym / colloquial name	Glass-Steagall Act
Enacted by the	73rd United States Congress
Effective	June 16, 1934
Citations	
U.S. Statutes at Large	48 Stat. 162 (1933)
Codification	
Legislative history	

- **Introduced in the** House of Representatives **as** H.R. 5661 **by** Rep. Henry B. Steagall (D-AL) **on**
- **Signed into law by President** Franklin Delano Roosevelt **on** June 16, 1933

Major amendments

American Homeownership and Economic Opportunity Act, Gramm-Leach-Bliley Act, Depository Institutions Deregulation and Monetary Control Act

Contents

- 1 Background
- 2 First Glass-Steagall Act
- 3 Second Glass-Steagall Act
  - 3.1 Impact on other countries
- 4 Repeal of the Act
  - 4.1 Financial events following the repeal
- 5 See also
- 6 References
- 7 External links

Background

Two separate United States laws are known as the Glass-Steagall Act.

Both bills were sponsored by Democratic Senator Carter Glass of Lynchburg, Virginia, a former Secretary of the Treasury, and Democratic Congressman Henry B. Steagall of Alabama, Chairman of the House Committee on Banking and Currency.

The first Glass-Steagall Act was passed in February, 1932 in an effort to stop deflation and expanded the Federal Reserve's ability to offer rediscounts on more types of assets such as government bonds as well as commercial paper.[4] The second Glass-Steagall Act was passed in 1933 in reaction to the collapse of a large portion of the American commercial banking system in early 1933.

Although Republican President Herbert Hoover had lost reelection in November 1932 to Democratic Governor Franklin D. Roosevelt of New York, the administration did not change hands until March 1933. The lame-duck Hoover Administration and the incoming Roosevelt Administration could not, or would not, coordinate actions to stop the run on banks affiliated with the Henry Ford family that began in Detroit, Michigan, in January 1933. The Federal Reserve chairman Eugene Meyer was equally ineffectual.

While many economic historians attribute the collapse to the economic problems which followed the Stock Market Crash of 1929, some economists attribute the collapse to gold-backed currency withdrawals by foreigners who had lost confidence in the dollar and by domestic depositors who feared that the United States would go off the gold standard[5], which it did when President Roosevelt signed Executive Order 6102, The Gold Confiscation Act of April 5, 1933.[6]

1933年银行法

斯蒂文·沃特（Steven Wotts）　《福特传》作者

总的说来，在20世纪30年代经济大萧条期间，美国公司非常讨厌罗斯福总统和他施行的“新政”。他们对“新政”下设立的各种调节机构强烈不满，因为这些机构想要管理经济活动，调节市场价格，甚至想控制市场。

比起美国的强势总统罗斯福早了六百年之久的中国皇帝朱元璋，其实也遇到了类似的问题：当他在全国范围内大力推行纯信用纸币之初，进展并不顺利。千百年流传下来的生活经验让每一位老百姓都懂得金银的价值，懂得纸币容易贬值的道理。面对与真金白银脱离了关系的纸币，老百姓自然选择的是抵触。

毛佩琦　中国人民大学历史系教授

朱元璋发布了广泛的命令，禁止金银贵重金属在市场上进行流通。

吴景平　复旦大学中国金融史研究中心主任

他给文武百官发的工资也是纸币，要求商业活动也用纸币，财政缴纳也是交纸币。

张庭宾　《黄金保卫中国》作者

纯信用纸币得以流通和使用，关键就在于朱无璋拥有强大的君主权力，拥有强大的皇权，他可以强制性地要求老百姓使用。

在清除商人根基、规范老百姓用银制度之外，最重要的是，朱元璋还清楚地认识到，他所缔造的纯信用纸币需要解决好一个最重要的问题：只有维持大明王朝良好的信用，发行的纸币才会被百姓真正接受，大明宝钞才不会沦为一张废纸。为此，他对手下的文武百官采取了历史上最为严酷的管束，对那些贪官庸吏大开杀戒。

夏维中　南京大学历史系教授

朱元璋对贪官的处置力度，我想在中国历史上绝对可以算前几位的在。大家都知道朱元璋有一个非常狠的手段，就是所谓对贪官剥皮实草。真的剥过，60两银子以上就剥皮了。

陈梧桐　中国明史研究会理事

因为朱元璋做皇帝要万世长存，这个是最重要的原因。我辛辛苦苦争来的天下，当然希望能够长久了。但是他也明白，你要想让社会稳定下来，老百姓生活能够安定，那些贪官污吏就要清除。他是从这个角度考虑的。

朱元璋在世的时候，大力限制商人、惩处贪官，最终大获全胜。这一系列措施和手段使得明初政治十分清明，纸币的流通也得到了推广——从1374年到纸币开始大规模贬值的1430年前后，“大明宝钞”安全地使用了六十多年。

王勇　北京大学国际政治与经济研究中心主任

信用是货币的基础，没有信用就谈不上货币，货币就无法流通，大家就不能接受它。

袁鹏　中国现代国际关系研究院美国研究所所长

国家通过货币去行使它的财政权、金融权，体现它的金融、经济和财政的信用和形象，所以国家的信誉如何，国家制度的基本面如何，直接影响它的货币的信用度。

曹建海　中国社科院投资与市场研究室主任

纸币信用其实是政府信用的一种，而且是政府信用当中最重要的一个部分。政府信用就是政府对公众而言是不是言而有信，政府的行为是不是履行了它的宣言、承诺。政府信用最重要的一个是货币信用。

当威严强势的朱元璋去世后，封建社会那种人治的无奈便不可阻挡地凸显出来。封建制度内部系统的腐烂，使这个庞大帝国的每一寸肌体遭受侵蚀。皇权日渐式微，中央政府的信用随着一次次的纸币滥发被挥霍殆尽。

陈昆　南京审计学院副教授

我想大明宝钞开创了王朝的一个恶例，就是使得后来朱元璋的后代，一缺钱了，第一个就想到发货币。

吴景平　复旦大学中国金融史研究中心主任

明朝中后期走向末世，各种矛盾不可阻遏地在发生着，在发酵着，日趋严重着。但统治阶级拿不出更多的有效办法来缓解这些矛盾。

张杰 中国人民大学财金学院副院长

我们可以看到从两宋一直到元、明、清，各个朝代最终都是，纸币制度因为弥补财政赤字而走向了崩溃。

相比之下，罗斯福的命运比起朱元璋似乎就要好得多，继他之后的历任美国总统无一例外对他称颂有加，他在危难时刻的新政和政府干预市场的勇气和决心，至今都被很多人所信服。

罗斯福执政长达十二年，是美国历史上任期最长的总统。在他的领导下，以美国为首的同盟国最终赢得第二次世界大战的胜利。战后的美国也顺势取代英国，终成世界一极。美元随着美国国家实力的凸显，登上了世界货币的霸主地位。

罗斯福掌控了黄金，并最终成就了美元作为世界货币的霸主地位，但是他却把一道难题留给了后来的继任者，那就是如何维护政府的信用与承诺。

1971年，新一轮的美国总统大选激战正酣，总统候选人理查德·尼克松在竞选演讲中这样评价罗斯福："他是一位巨人。他的所作所为把美国从大萧条中拯救出来，尽管那些措施不像他最初设想的那样是临时性的；但在当时的情况下，即使任何其他人处于这个位置，也不得不如此。"

陈雨露 中国人民大学校长，央行货币政策委员会委员

1944年7月1日到7月22日在布雷顿森林小镇开会的时候，美国拿了一个方案，英国拿了一个方案，就是共同讨论一旦二战结束，新的国际货币体系到底以谁为中心。美国当仁不让，那就是我。

沈骥如 中国社科院世界经济与政治研究所研究员

布雷顿森林体系的主要内容是什么呢？就是世界上只有一个货币和黄金挂钩，那就是美元。所谓挂钩就是35美元等于1盎司黄金。

徐明棋 上海社科院世界经济研究所副所长

自那时起，一直到今天，当我们谈到美元的时候，仍然说"美金""美金"。在人们心目中美元就等同于黄金。

20世纪70年代的美国，由于受越南战争影响，国内通货膨胀指数不断刷新

布雷顿森林会议

历史记录。以黄金作为基础、奉行固定汇率制的布雷顿森林体系，已经成为力求扩大政府支出的各国政治家所无法容忍的束缚。而伴随着美元贬值所带来的信用下降，引发了美国黄金大量外流。

1971年8月9日，英国政府要求美国将持有的30亿美元兑换成黄金，如果按照当时的价格，英国要从美国提取高达2600多吨的黄金。美国政府面临艰难的选择。六天之后，尼克松总统在晚间黄金时段向全国发表电视讲话，他出人意料地宣布美国将实行“新经济政策”，美元与黄金脱钩，美国不再向任何国家兑换黄金。

尼克松的电视讲话震惊了全世界，因为这就意味着由多国政府在1944年共同签署的货币协定，被美国政府单方面撕毁了。

针对美国政府将美元持续贬值的一系列行为，法国总统戴高乐曾经猛烈抨击，称尼克松政府试图掌控黄金的策略就是一个骗局，仅仅是通往美元贬值之路上的权宜之计。而面对法国等国家对美元贬值的持续质疑，尼克松政府的财政部长康纳利曾经公开回应：“美元是我们的货币，你们的麻烦。”

埃德蒙·费尔普斯（Edmund Phelps） 2006年诺贝尔经济学奖获得者

我认为当时必须找到解决越战带来的经济问题的方法，而尼克松找到了解决办法，我不认为还有更好的办法。

清议 恒泰证券首席经济学家

关闭黄金窗口导致了布雷顿森林体系的崩溃。但实际上，放弃布雷顿森林体系的根本原因是由于美元当时已经达到了国际化这样一个目标，再继续使用这一个体系，对美国是不利的。

向松祚　中国人民大学国际货币研究所副理事长

放弃布雷顿森林体系，保护美国的黄金储备，只是其中的考量之一，并不是主要的考量。因为美国人当时已经认识到，即使没有黄金，美国的地位也已经是不可动摇了。

早在十一年前，1960年，美国耶鲁大学教授罗伯特·特里芬教授就看到了美元作为国际货币所面临的困境，并提前预测到了布雷顿森林体系必将崩溃的命运。在他撰写的《黄金与美元危机》一书中，他说，当美元与黄金挂钩，在历史上被选做国际货币的时候，就注定陷入了一种两难境地。

黄卫平　中国人民大学经济学院教授

所谓两难，就是要想所你这个货币变成国际的储备货币，你就得贸易逆差，让别人拿到你这个钱；可是如果出现大量的逆差，你这个货币就不稳了，就没法作为世界的中心货币。这个矛盾就把布林顿森林体系冲垮了。

黄仁伟　上海社科院副院长

美元根本性的两重功能是矛盾的，即它作为世界货币所承担的义务，和它作为保卫本国利益的本国货币的功能，两者之间是有冲突的。

罗斯福一只手缔造了美国的强权，另一只手也埋下了美国盛极而衰的种子。2011年8月5日，全球三大评级机构之一标准普尔宣布下调美国国债信用评级，从AAA评级下调至AA+，同时决定把美国信用前景维持在“负面”， 美国在历史上第一次丧失了其拥有近一个世纪之久的最高信用评级。美国经济学家，1999年诺贝尔经济学奖得主罗伯特·蒙代尔忧伤地说道，美国主权信用的降级，意味着全球金融体系中最稳定的一块基石被撼动，美元“一枝独大”的国际金融秩序时代行将结束。

丁纯　复旦大学欧洲研究中心主任

随着美国本身经济实力的下降，美元作为一个世界货币，或者作为唯一的主导性的世界货币，它本身已经其实难副，无法承担这样一个职责了。

陈志武　耶鲁大学管理学院教授

这一次美元信用危机让中国的央行、中国的政府，让日本的政府，还有很多其他国家的政府和决策层都看到了，任何基于美元或者其他主权货币为主体的国际贸易体系和国际货币体系，最后都是很不稳定的。

陈雨露　中国人民大学校长，央行货币政策委员会委员

一个人能不能够在他的发展过程中非常顺利，有两点非常重要。一是他有没有实力，二是他的人缘怎么样。我想一个国家也是这样。对于美国来讲，它的国家信用实际上代表着美国，一方面代表它的实力，第二代表它的诚信。现在看来，这一次信用危机，恰恰都表现了美国在这两方面存在着的一些硬伤。

罗斯福时代的经济专栏作家亨利·赫兹里特曾经说过：“一个好的经济学家和坏的经济学家区别在于，后者只看经济政策的局部效果和直接效果，而前者则计算它的整体和长远效果。”今天，当我们面临经济危机再次回顾罗斯福新政的时候，也许应该重温这句话。追寻历史的智慧，首先应从将神话还原成历史开始。

中国明朝皇帝朱元璋，现代美国总统罗斯福，两个时间与空间上相隔甚远的历史人物似乎并没有什么必然的联系。然而作为各自时代里最高权力的拥有者，为了解决当时的国内难题与经济危局，他们都不约而同地选择了推远与黄金之间的距离。

也许立竿见影地解决问题，是人类社会面对危机时最重要的思维方式。然而当危机成为历史，今天的我们又可以在两人的身上得到新的思考与启示，那就是我们如何来看待与保护国家的信用。封建时代的帝王也需要子民们对于国家的信任，但是当这种信任是建立在历代帝王个人品德与修养的不断延续与提高，寄托在官僚机构的自觉与自省，那这样的信任是不可能长久地持续下去的；而罗斯福总统通过“新政”拯救美国的同时，他也主动抛弃了国家所应该承担的责任与义务，这也许给整个世界埋下了一颗不安的种子，那就是国家、政府也许能随时放下对道义与责任的担当，随时能停下对公平与自由追求的脚步，而最终受到伤害的将是整个人类社会。

独家访谈

EXCLUSIVE INTERVIEW

第一财经：纸币作为货币与黄金作为货币最大的不同是什么？

叶世昌 复旦大学经济学院教授

黄金与纸币最大的区别在于黄金本身是有价值的，不怕贬值，要贬值也就是跌一点点；而纸币本身没有价值，就是一张纸，就是靠政府的信用。将来政府倒台了，纸币全部没有用了。

我们现在所见的就是纸币了，就是钞票了。能够代替黄金的最好的东西就是纸币。纸币的好处就是发行规模大，你随便要多少钱都可以拿得到。但缺点是什么呢？缺点就是掌权的人容易从集团的利益，或者财政利益的角度出发，多发钞票。但是好处也在这里，就是有些危机可以靠它来解决，因为有些危机就是为了抢黄金嘛。我现在黄金不用了，银行里纸币不受限制。以前银行必须兜售黄金才能够发得了纸币，现在没有这个限制了。纸币本身没有价值，可以随便印。

邱晓燕 中国科学技术发展战略研究院博士

黄金本身是商品，它有价值，而纸币不是商品，也没有价值，它只是一个货币符号。纸币更多的是国家的一个信用货币，是国家信用来背书的一种充当交流媒介的交流手段。所以纸币不能充当价值尺度、储藏手段和世界货币，它没有这个功能，而黄金是具有的。

第一财经：什么是特里芬两难？

潘英丽 上海交通大学管理学院教授

美国有一个教授叫特里芬，他提出一个所谓的“特里芬难题”。这个难题讲的是什么呢？就是说在全球化，在国际贸易和投资不断增长的过程中，人们对国际货币的需求也是增加的。但是国际货币就是美元，那就需要美国向全世界注入更多的美元，而它的注入主要是通过贸易赤字的方式来提供。但是贸易赤字越来越多以后，人们也对美元不信任了。我拿你那么多美元，你有那么多外债，你能还得起吗？以前人们可以去兑换黄金，35美元兑一盎司黄金。黄金的数量是有限的。但美元发到太多，人们势必就对这个货币不信任，不信任就要兑黄金，兑黄金，黄金没有了，所以就必须脱钩。所以美元黄金本位制这个体系最后是一定不能维持下去了。这里边是一个矛盾，就是全球化带来对美元这种国际货币的需求的扩张，但是它又跟黄金维持一个固定的汇价，各国央行可以自由地去兑换黄金，最后黄金枯竭，这个体系就必然要被放弃。

假如不大量印美元或者不大量投放美元，那这里会有两个问题。一个问题是美国在二战以后一直扮演一个全球警察的角色，它在全球很多国家都有驻军，这是一笔很庞大的开销。它要用印美元去支付。1965年它介入越南战场，打了近十年的仗，就是投入大量的兵力，大概六七十万、五六十万兵力投进去，也耗费非常大的一个支出。所以国内出现通胀，然后出现贸易赤字，对外出现大量负债，在海外流通的美元越来越多，就出现了美元灾。第二个就是国际贸易和投资的规模扩张了，假如它不提供美元的话，全球就会显得流动性不足。这个是一种内生性的矛盾。

第一财经：哪些原因最有可能造成纸币信用的丧失？

潘英丽　上海交通大学管理学院教授

我个人认为纸币的这个信用，或者信用货币的这个信用，就是国家信用。所以你这个国家的信用，实际上会影响人们对你的货币的一种价值的评估。比如说政府的政策前后不一致，前面说这样做，后面又改成另外一种做法，那人家说你这个政府的公信力有问题，人家也不会相信你这个货币的币值会稳定。所以实际上信用货币的信用跟国家信用完全是一回事。在什么情况下货币的信用可能会崩溃？我想就是两种情况。一种是在战争的年代。政府打仗，或者发动战争，或者是卷入战斗。在这种情况下，政府需要庞大的军费开支，那一定会印钞票，那么就会出现通胀，严重的通胀。所以没有人会要你的货币了，这是货币制度可能会崩溃的一种情况。第二种情况和政府的行为有关。比如说政府有巨大的财政赤字，这种财政赤字有几种原因：一种是政府腐败，乱花钱，然后投资低效率；还有一种情况就是政府征不上税。假如政府乱花钱，债务累累，同时又征不上税，这时候它的货币也要崩溃，它肯定也会出现恶性的通胀。

滥发货币无异于是最大规模的偷盗，就是从老百姓兜里偷钱。它带来了老百姓货币资产的贬值，实际上也是一种财富转移的方式。它最终带来贫富的两极分化，让财富向少数人集中。

第一财经：尼克松宣布美元与黄金脱钩，对于美元的信用造成哪些恶果？

尼古拉斯·克拉夫兹（Nicoholas Crafts） 英国华威大学经济系教授

美国20世纪70年代开始出现大量赤字，这让许多布雷顿森林体系成员开始紧张。赤字来源于当时的越战，美国赤字和美元债务剧增。我想，尼克松感觉到体系即将崩溃，因为其他大国坚持要将美元兑换黄金。所以他就采取了这种措施去防止他国兑换。根本问题在于由于国际货币基金组织只能通过持有某种货币扩大自己的外汇储备来缩小赤字，而IMF大量持有美元损害了美元的信誉。如今美元的价值前景却开始不明朗起来。

内森·刘易斯（Nathan Lewis） 《货币炼金术》作者

自美国结束金本位制以来，合同意识逐渐淡薄，整个西方世界都是如此。看看今天发生的一切，我们认为传统的闪光的思想，比如英国的法治思想已经不复存在了。如果你看看现在美国推出的救市计划以及其他一切，几乎没有法治可言。钱决定一切。这就是为何社会状况在恶化，最终走向瓦解。

编导手记

沈万三的命运引发的感叹

江南水乡多。去过周庄的人都知道当地有一道名吃叫作“万三蹄”。相传明朝江南巨富沈万三“家有筵席，必有酥蹄”，是用来招待贵宾的必备菜肴，久而久之就成了水乡特产。

沈万三是中国历史上家喻户晓的苏州大商人，相传富可敌国。元末战乱时，沈万三曾倾力资助张士诚，待到朱元璋夺得天下改朝换代，又立刻向其大献殷勤。很多评价据此说他是见风使舵的墙头草，在我看来，这里面倒是饱含着一种超级富豪在政治面前的无奈与无力，以及那种深深的恐惧。

沈万三主动资助朱元璋修缮南京城三分之一的城墙，两人同时开工，沈氏提前三天完工以夸耀自己效率惊人。他又提出以黄金万两犒赏三军。忙于拍马屁的他不知道，这正是自己悲剧的开始。

我们在采访的时候，很多并非是历史学家的嘉宾都不约而同谈到了这个故事。经济学家梁小民在采访中说：“皇帝一想，不得了，军队是我皇帝的军队，你给发黄金，这算怎么回事？这军人不就感谢你了？还要我朱元璋干吗？”

在我采访易中天老师时，他更是激动地讲道：“你捐钱给我修城墙，你算老几？对统治者来说，这不仅是警惕，还有嫉妒和仇恨，富可敌国是不能允许的！”

明史专家毛佩琦老师最后一针见血地总结说：“钱就是权力，它会影响社会舆论和国家决策。钱就是权力——这在任何时代都是一致的。”

沈万三不久之后即被朱元璋抄家流放云南，最终客死他乡。我们把故事也放进了文稿中，因为这个案例影响了朱元璋后来在经济上的一个重大决策——用没有准备金作保障的纸币全面取代了沿用数千年的真金白银做交易的方式。

在片子中我们并没有特别关注沈万三这个传奇富豪的个人命运，漫漫历史长河里，他是微不足道的。我却很想知道他的心情和感受——坐拥万贯家产，却不能保全性命于乱世，长夜里想到妻儿安危，怕是根本睡不着觉。

沈氏命运并不是个案，甚至在中国历史上根本不希奇。复旦大学经济学院教授韦森在采访中就说：“屡屡打击商人，禁止商人交易，压制市场经济的发展，这是历朝历代的基本国策。”因此在片子中我们也特意提到了一个重要历史节点——晁错上书汉文帝贬低黄金，推崇农业，致使自汉朝起，中国历代封建帝王都采纳了重农抑商的政策。

黄金所代表的财富象征着权力，更象征着自由，贬低黄金实际上就是为了限制人们的自由。而农业的代表——土地属于不动产，更是把人死死地禁锢在了自家一亩三分地上，不能自由流动，亦无法从流通的商业贸易中赚取财富。

并非没有人努力尝试改变这种现状。我们在纪录片中尝试刻画了这样一个人物——清朝户部官员王茂荫数次上书咸丰皇帝：“必得商贾流通，百货云集，方足以安民生。”然而他得到的结果是皇帝震怒，被指责革职。

沈万三、晁错、王茂荫，这三个人散落在我们八集纪录片中的不同角落，静静地讲述着千年来中国商人的曲折命运。他们一方面迫切地盼望着改革，希冀政治能为商业开辟一条更方便的路途，能让他们大展拳脚，为国效力；另一方面，正因为这种改革之艰难与匮乏，使得手中的财富并未给他们带去任何相应的安全感，所以更多有商业才华的人不得不选择依附权贵，寄生于政治之上，以此祈求权力能保佑他们不遭受那些防不胜防的灭顶之灾。

我想象“买官”、“官商勾结”，甚至“红顶商人”等等词汇大概就是这样应运而生的。时至今日，我们会用“小农意识严重”去形容一个人思想落伍，然而千百年来，这种“重农抑商”的大环境在当今真正得到改善的部分又有多少呢？我们作为一家财经媒体，花了一年多的时间去做这部名为《黄金时代》的纪录片，正是想和观众一起讨论：究竟什么才是黄金时代？现今中国是否真的处于黄金时代?

大国已然崛起，上海正在成为国际金融中心之一，人民币加速国际化。如今的中国经济已经没有任何国家敢再小看，然而我认为属于商业的黄金时代在中国还很遥远，商人的地位与百年前相比，好像并没有改变太多。中国的金融和房地产大鳄们塑造出很多时尚、睿智、拥有话语权的个人形象，背后却是举家移民、转移资产的实际行动——这种对自己白手起家、辛辛苦苦赚来的血汗钱感到不放心、不安全的恐惧，和六百年前沈万三半夜辗转反侧的忧虑又有何区别?

社会的转型永远都是痛苦的，中国几千年以来传承的儒家文化使得任何涉及金钱的改革都举步维艰。我们推崇黄金，因为千百年来它一直都是人类公认的最好的避险工具。然而温总理也强调说："信心比黄金更重要。"是的，当制度完善健全，商业能够在交易双方完全平等的基础上展开，老百姓心中充满了对现状的安全感时，黄金只不过是一块最最普通，甚至毫无用处的金属罢了。

这部纪录片追溯黄金在各国的历史，你能够很容易发现：什么时候人们不那么推崇和重视黄金，什么时候就是真正的"黄金时代"。我们对黄金时代、对改革、对商业发展都充满了期待。作为媒体工作者，也试图以一部纪录片来尽自己一份绵薄之力，对时代予以记录，对观点予以表达，与所有的受访嘉宾和所有的观众共同努力、共同守望、共同期待。

《黄金时代》纪录片导演　冯露丹

GOLDEN AGE

4

左右为难

从昔日的印加末代君主阿达瓦尔帕，到曾经的美国首富苏特尔，再到二战以后声名显赫的法国总统戴高乐，他们都曾希望通过黄金来寻求自身生命的安全、财富的安全和国家的安全，可是他们又无一例外地失去了安全，成为一幕幕悲剧的主角。把他们推向悲剧的黑手，其实并不是黄金本身，毫无疑问，是人类自身的贪婪。

印加末代国王阿达瓦尔帕贡献了将近5吨黄金，却依然无法保全自己的性命，他被皮萨罗处以死刑。

美国加州庄园主苏特尔胜诉了，却依然无法保全自己的财富，最终他一无所有，甚至连三个儿子都死于非命。

法国总统戴高乐试图选择黄金来保障国家安全，但法国民众却抛弃了他，最终他被迫辞职，郁郁而终。

我们向前飞奔，曾经为黄金而来；我们向前飞奔，又把黄金远远地甩在了身后。我们曾无数次地赞美黄金，也曾无数次地诅咒黄金。在对黄金这两种截然不同的态度中，我们看到了人类自己矛盾的影子。

一幕幕黄金折射的人性悲歌，值得人们驻足深思：历史不断前行，人类的道德与良知会不会终将被自身的贪婪所遮蔽？一旦失去规则对安全的庇佑，人类社会又将去向何方呢？

卡哈马卡是位于秘鲁西北部的一座古城。在距今五百多年以前，这里是古印加帝国境内的一座城市。公元1532年，一次会面改变了这座城市的命运，甚至改变了印加帝国的命运。

会面的一方，是刚刚即位不久的印加帝国君主阿达瓦尔帕。在过去两千多年的时间里，他和之前的十四位君主一直是这片土地的主人。而另一方则是来自他们从未听说的国度——西班牙的一群不速之客，领导者叫弗朗西斯科·皮萨罗。

这是皮萨罗第一次踏上南美大陆。这位目不识丁的冒险家，不惜顶着暴风和巨浪，横跨大西洋到新大陆来探险的原因，就是为了寻找黄金。

当时，皮萨罗的手下只有区区180人。而与他会面的阿达瓦尔帕却带来了7000名印加武士，他们驻扎的营地遍布整个山谷，如漫天的繁星一般。双方的强弱对比不言而喻。然而最终这场会面的结果，却大大出乎人们的意料。

董经胜　北京大学历史系副教授

见面的时候，西班牙人在四周做了埋伏，然后让一位牧师跟阿达瓦尔帕讲《圣经》。当然阿达瓦尔帕根本没接触过《圣经》，对它不感兴趣，最后把《圣

印加帝国

印加本来只是一个位于库斯科的小国，主要的领土扩张到15世纪才开始，图帕克·印卡·尤潘基将印加帝国的版图扩大到今哥伦比亚的帕斯托，以及今阿根廷的图库曼和今智利的毛雷河边。然而他的后嗣因争夺皇位引起了许多内战，导致印加帝国政治不安，为后来的西班牙殖民者提供了挑拨离间的机会。印加帝国在1533年灭亡，最后一任印加帝国国王阿达瓦尔帕被西班牙探险家弗朗西斯科·皮萨罗处以死刑，结束了四百年以上繁荣的帝国历史。不过，印加帝国皇室在曼科（Manco）及其继承人的领导下继续抗击西班牙殖民者，直到1572年才被最终消灭。“印加”一词有国王之意，这个帝国的真正名称叫“塔王汀斯尤”，意为“四州之国”。

经》就扔到地上了。在这种情况下，埋伏在周围的西班牙人一下子就拿着枪、拿着刀向阿达瓦尔帕以及他周围的护从进攻，大批的人被杀，阿达瓦尔帕被俘虏。

皮萨罗将俘虏的阿达瓦尔帕囚禁在一个叫做“拯救屋”的房间内。这是一间空荡阴森的房屋，石壁上仅有一扇小窗户为印加皇帝送来一丝丝难得的自由的空气。求生的欲望让阿达瓦尔帕不得不用敌人最渴望得到的东西来拯救自己。阿达瓦尔帕最终承诺，他愿意拿出足以装满这一整间牢房的黄金来换取自己的自由。

阿达瓦尔帕向皮萨罗求饶

接下来的八个月里，真人大小的雕像、寺庙墙砖、首饰以及宗教物品都搬运到了西班牙人的货船上，无一例外都是由金光闪闪的黄金做成的。

阿达瓦尔帕（约1502—1533）

印加帝国历史上被称为“黄金国”，因为这里盛产黄金。生活在这里的古印加人熟练地掌握了获得和打造黄金的各种工艺。他们喜爱黄金，把黄金看作是“太阳的汗水”。

西班牙人最终从印加帝国得到了将近4.5吨的黄金。可是这么多黄金依然没能换回国王阿达瓦尔帕的性命。最终皮萨罗还是背信弃义，下达了处决命令。阿达瓦尔帕也就成为古印加帝国最后一任君主。

拯救屋黄金

帝王的死去，帝国的沦陷，让生活在这片土地上的约600万印加人的命运变得更为悲惨。在此后的十年间，殖民的掠夺与统治使100多万印加人被杀死。而活着的人则成为西班牙人的奴隶，他们被迫在黑暗的矿井里继续开采黄金，为西班牙人装满一艘又一艘的黄金帆船。

阿兰·哈特（Alan Hart） 英国自然历史博物馆矿物部研究员

西班牙人到了那里，征服了当地人，并将黄金带回欧洲。大多数黄金在欧洲被重新加工和使用。可以说最初的这些掠夺塑造了欧洲的艺术和首饰的历史。

朱大可 同济大学文化批评研究所教授

实际上这些黄金面具，这些器物，本身要比黄金贵重得多。那么它的毁坏，就是熔金成锭的方式，最后瓦解了整个印第安文明的根基，摧毁了他们大量的艺术遗存。这是一种极其愚蠢的行为，现在看来是不可饶恕的。

人类历史的前行，仿佛永远是在用血腥与悲情做注脚。这样的发展逻辑也引起了当时一些思想先驱者的关注与思考。在印加帝国灭亡一百年之后，英国政治哲学家托马斯·霍布斯，在他的著作中将人类社会描绘成了一个充满杀戮与无情的“荒蛮丛林”。在他的笔下，人类社会处在一种无序竞争的“丛林状态”。霍布斯苦恼地写道：人，一直处在寻求自身安全的过程中。为此，人们总是想方设法地获得自己需要的东西；当人们对同一事物感兴趣而不能同时拥有时，就会产生争斗，带来死亡。

陈建洪 南开大学哲学院副院长

一切人对一切人的战争，是霍布斯对人的原初状态，或者人的自然状态的描述。在这种状态里，我们所有的人跟了其他所有的人都处于互相不信任，没有安全感，为死亡的恐惧感所支配的境地。

丛林法则

是基于达尔文进化论的一个社会学概念。本指大自然生物界运行着的物竞天择、适者生存、优胜劣汰、弱肉强食的规律法则，即幼小、年老、体弱、受伤、残废的动物被猛兽吃掉或自己病死、饿死，余下强壮的生存、繁殖和进化。丛林法则的基本理由是：自然界中的资源有限，只有强者才能获得最多。在世界近代化和现代化进程中，达尔文进化论以及丛林法则被普遍地应用于社会领域，大到国家间、政权间的竞争，小到企业间、人与人之间的竞争，无不充满着“弱肉强食”般的血腥和残酷。一些信奉种族主义、帝国主义、殖民主义、军国主义、法西斯主义的人物，更是视丛林法则为天条，从而导致了许多反人类的犯罪行为。第一、二次世界大战和希特勒的屠犹行为，更是丛林法则被人类应用于社会领域的最为可怕的罪证。在全球化的今天，国与国、企业与企业、人与人之间仍然存在着竞争，但我们不能再以丛林法则来处理这些竞争，相反，应该寻找一种双赢、共赢的路径，既能遵循优胜劣汰的法则，也要保护并发展弱小者的利益。

苏振兴　中国社会科学院拉丁美洲研究所研究员

一种文明，哪怕你是先进的文明，如果非要以毁灭另外一种文明为代价来发展、来推进的话，那恐怕是不可取的。但是迄今为止我们能够改变这种状况吗？恐怕还是很难的。

也许动荡不安的漂泊生活影响了霍布斯对历史和世界的认知。但是，他的看法依然代表着人类对自身的关切和忧虑。历史的发展脉络无疑是不断向前的，但为什么人们总是不能避免悲剧的发生。人们无助地期盼平安，为什么却总是事与愿违呢？

托马斯・霍布斯（1588—1679）

1855年3月的一天，一个名叫约翰・苏特尔的美国人，正在不安地等待着加利福尼亚州法院的宣判。在当时，这是涉及财产最大、涉案人数最多的案件。苏特尔一共将17221名农场主送上了被告席，而一旦法院宣布苏特尔胜诉，这一万多名农场主手中的黄金以及绝大部分的财产，都将归苏特尔所有。

苏特尔其实是一位来自瑞士的移民。伴随着当时席卷美国的“西进”大潮，他和成千上万的移民一同涌入这个陌生而又充满机会的国度。当时的美国政府颁布法令：只需付出几美元的价钱就能得到上百亩的土地。1839年，苏特尔看中了加利福尼亚西部一大片广袤而荒凉的无主之地。几经周折，他成了这片土地的主人。和其他的移民一样，吃苦耐劳的品格，让他在不到十年的时间里，建起了大片的农庄、酒窖、商店和磨坊。此时年届不惑的苏特尔，似乎处在了自己人生的巅峰。

约翰・苏特尔（？—1880）

就在这个时候，他在自己的土地上发现了黄金。究竟还有多少金灿灿的黄金没有被自己发现？如果这个消息走漏出去，会带来怎样的结果？苏特尔不敢继

加州淘金热

1848年1月，在位于加州东北部的苏特坊（Sutter's Mill）发现黄金后，消息很快地就传开来。同年8月加州发现金矿的消息传到东部的纽约。各地许多想一夕致富的人开始涌入旧金山港口。1849年起，加州淘金潮真正展开，从美国其他各地和其他国来到加州梦想实现淘金梦的人络绎不绝，船上的旅客、水手甚至船长下了船马上就前仆后继地前往苏特坊。当时旧金山港口的帆船到处可见，而市区的人口暴增。旧金山居民从1847到1870年之间，从500人增加到15万人。

续往下想。他只能严令自己的工人保守秘密，试图把消息控制在最小的范围内。但最终消息还是不胫而走。从此以后，成千上万怀揣发财梦想的淘金者涌向了加利福尼亚。

宋云伟　中国人民大学历史学院副教授

1848年黄金潮刚刚开始的时候，金沙还在河床表面，比较容易淘到，所以淘金者平均每天的收入可以达到20美元，这相当于当时东部工人日平均工资的20倍。有的富矿，淘金者一天收入可以达到2000美元。

胡国成　中国社会科学院美国研究所研究员

很多美国人，尤其是到那儿不久的移民都有这种心理，就是说我到这儿就是想实现我的美国梦，而实现我的美国梦就是要以最好的方式，最快的速度致富。

顾文硕　上海黄金交易所综合部总经理

很多人都有一种赌一把的想法，就是说我去了，我获得了，完了以后我就可以不用辛勤劳动，不用去奋斗，就可以躺在这个上面过一辈子了。

不需要勤奋劳动，只要“把手放在正确的地方”就能发财，这样的诱惑，似乎没有人能够抵抗。尽管前方有上千英里的漫漫长路，尽管途中伴随着干渴、病痛甚至付出生命的代价，但这一切都阻挡不了潮水般的人们向着梦想中的“黄金国”疯狂的前进脚步。

阮崇晓　《黄金诱惑》作者

当人们听说苏特尔庄园里面发现黄金了，就蜂拥而至，把苏特尔的庄园翻个底朝天。他们把苏特尔的牲畜、庄稼，还有一些手工业的磨坊，还有制皮厂、制革厂都捣毁了。

淘金热

舒昌善　北京师范大学教授，《人类群星闪耀时》中文译者

本来是个大庄园主，生活很稳定，安居乐业，现在你自己的员工全去淘金去了，农田荒废了，该管的没人管了，作坊也没了，那当然很穷了。

从1849到1857年的八年间，十万淘金者来到加利福尼亚，他们一共带走了价值数十亿美元的黄金。这些黄金一半流入了一座名叫圣弗朗西斯科的地方，这里迅速成为当时全世界最繁华的城市之一。而大量黄金的流入也赋予了它一个更为形象、金光夺目的名字：旧金山。

1850年，苏特尔向法院控告17221个在他的农场里掘金的淘金者，宣称整个“黄金国”地下埋藏的黄金和已经挖掘出来的黄金都理所应当地归他所有。为了打赢这场官司，他搭上了自己所有的积蓄，还把自己的儿子送去学习法律。

这场诉讼历时五年，最终以苏特尔胜诉而宣告结束。法院的最终判决确认了他对这片土地拥有完全合法和不可侵犯的权利。苏特尔顺理成章地成了世界上最

富有的人。

扈洪波 《第一财经日报》专栏作者

判决的消息传开以后，首先是那17000多被告，他们群情激愤，因为判决结果是他们意料之外的事情。所以他们揭竿而起，马上就跑到法院去找法官，扬言要把法官私刑处死。然后又跑到苏特尔的家里面去，放火烧了他的房子。苏特尔的三个儿子，大儿子开枪自杀了，二儿子直接被他们打死了，三儿子掉到河里淹死了。所以经过这件事以后，苏特尔实际上就孑然一身、家破人亡了，只剩他自己了。

舒昌善 北京师范大学教授，《人类群星闪耀时》中文译者

一万多人啊，举行暴动，扬言说把法官给杀了。他的儿子要自卫，也被打死或自杀了。他的儿子死了，他也就家破人亡了。

苏特尔在穷困和惊吓中度过了人生最后的25年。1880年夏天，在美国国会大厦的阶梯上，横卧着一个衣衫褴褛的人，他已经停止了呼吸。在他的怀里揣着一份要求索赔财产的申辩书，和一枚金戒指，戒指上面镌刻着一行字“1848年1月第一个发现黄金的人”。他就是苏特尔，直到生命的最后一刻还挂念着讨回自己的土地和财产。

朱大可　同济大学文化批评研究所教授

黄金既是人性尊贵、高贵的这一面的折射，同时也能间接地透视出人性的贪婪和黑暗。

何怀宏　北京大学哲学系教授

你可以看到人性，欲望如果太强烈，就很容易冲破规则，很容易越过它本身应该遵守的文明规则。哪怕它本来属于一定的文明规则，只要长起来就不顾一切了。

在人类的历史上，群体的狂热中剥夺一个人，乃至一群人的财产以至生命，并不是孤例。直到现代，这样的悲剧还不时在我们身边发生，甚至我们周围的很多人都曾经亲身经历过。这样的冲击与悲剧性的结局，永远值得人类反省。

戴高乐讲演：

不论你们是陆军、海军、空军，
还是公务员，或者是北非的移民，
请你们站起来，帮助我们的盟军。

这是法国已故总统戴高乐在1940年6月18日发表的一篇著名演讲：《告法国人民书》。当时的法国已经战败，身为法国国防部和陆军部次长的戴高乐将军以这篇演讲为开端，掀开了他所领导的“自由法国”运动的大幕。将军呼吁有反抗意志的法国民众围拢在他身旁，继续坚持抗击德国法西斯的斗争。正是这种不屈的战斗精神，使他赢得了整个法兰西民族乃至全世界人民的尊重。抗争的基因也许渗透在将军的血脉之中，当二战硝烟散去近二十年后，已经是法国

夏尔·戴高乐（1890—1970）

总统的他又一次选择了抗争。

1965年2月4日，戴高乐发表声明，倡议在国际经济交往中重新回归金本位制。他认为，在当今的世界，再没有什么比重返19世纪金本位制更好的选择了。他说："除了黄金，很难想到其他标准。黄金没有民族风格，它普遍被看做是首屈一指的固定不变的永恒货币。"

第二次世界大战后，一个全新的货币体系也随之出现。在这个体系中，美元作为最主要的国际储备货币与黄金挂钩，而各国货币的汇率则和美元挂钩。当世界大战给各国留下的伤口慢慢愈合之后，新的竞争重新开始。迅速崛起的欧洲和日本与美国之间频繁产生贸易摩擦，贸易战打响了，"美元危机"由此产生。到了20世纪60年代，美国国内金融界要求美元与黄金脱钩的呼声越来越强烈。

沈骥如　中国社会科学院世界经济与政治研究所研究员

布雷顿森林体系建立的时候，美国有两万多吨黄金；到20世纪60年代末，美国只剩下7000多吨了，减少是非常大的。

丹尼·奎赫（Danny Quah）　伦敦政治经济学院经济学教授

美元本位制对美国来说再好不过了。美国可以用很低的成本借到钱，使美国公民免除货币风险，可以让美国掌控世界货币政策。

把"美元与黄金"脱钩这种看似对待问题的简单解决方案，立刻引起了全世界的不安。和世界上其他经济学家与政治家一样，戴高乐也清楚地认识到：一旦美元和黄金脱钩，纸币就会变成一张没有实际价值的纸。而且如果美国没有节制地印发钞票，对全球经济带来的恶果不堪设想。

面对这样的危局，一个充满战斗意志的戴高乐又回来了。作为总统他自觉有责任捍卫自己国家和民众的经济安全。为此，法国甚至开始单方面行动来展现对回归金本位的支持。戴高乐坚决要求按照美国规定的35美元兑换1盎司黄金的价格来结算美法之间的贸易盈余，于是在1965到1968年三年间，出现了法国用飞机从美国搬运黄金的奇观。

为了说服其他国家与法国站在一起，戴高乐频繁出访，会见各国政要。戴高乐说：货币的坚挺是关系之诚信、愿望之温和、命运之光明、社会和道德秩序之公正的基本条件。

然而，这一次戴高乐却失望了。因为他的提议并没有得到更多国家的积极响应。

约翰·罗斯（John Ross） 上海交通大学经济与管理学院访问教授

对于法国来说，如果要从美国进口一辆福特汽车，它就得向美国出口雪铁龙车才行；但美国人想要进口法国车，印点钞票就行了。所以戴高乐认为，美国能白得一些东西，但是我就得付钱。他觉得应当使这种状况改变。

周荣耀 中国社科院世界历史研究所研究员

美元升值了，美元贬值了，全由你来掌握，那等于说把我们的经济命脉很大一部分掌握在你的手里头。这就是主权问题。

金重远 复旦大学首席教授

当时戴高乐就讲了，美国人靠什么？他私下讲话从来不说“美国”，都是“美帝国主义”。他说，美帝国主义靠什么？就是靠它的美元啊。靠了美元才能够横行霸道。现在美元这个地位应该改变。

丁纯 复旦大学欧洲研究中心主任

他的想法就是我们要对美国严肃财政纪律，让它知道它是有承诺的，就是每盎司黄金可以兑换35美元的这样一个比价。这实际上是在敲打美国。这一点跟他本身的个性，特别是法国的这种民族自豪感，特别是希望能够恢复昔日荣光的这种期许是非常相关的。

张海冰 上海国际问题研究院世界经济研究所副所长

法国之所以要提出恢复金本位制，实际上反映了，我觉得是所有国家内心深处的这样一个诉求，就是不愿意把涉及一个国家金融安全或者国家安全的国际货币这样一个重大问题，寄托在美国这单一的国家身上。这是不安全的，也是不可靠的。

尼古拉斯·克拉夫兹（Nicholas Crafts） 英国华威大学经济系教授

戴高乐总统认为，依赖美元作为外汇储备货币的体系很可能会崩溃。戴高乐因此希望用提高黄金价格的办法，来提高世界经济的流动性，并因此增加储备。可是，对其他国家来说，这其实是比较难以接受的。因为它们会发现，谁会从黄金价格的提升中获益呢？最大的受益者将会是南非和苏联。在政治上，这对美国来说是无法接受的。

戴高乐呼唤的金本位最终没有回归，而他自己却要离开了。1968年5月，法国爆发“五月风暴”，罢工与骚乱扰乱了整个社会秩序。79岁的戴

法国五月风暴

戴高乐任法兰西第五共和国总统后，推行了一系列内政外交政策，使法国经济发展，国际地位获得提高。但独立发展核力量耗资巨大，遭到左翼和右翼的反对。总统的独断专行引起人们的不满，政府反对罢工的立法导致工人的反抗，削减小农户的政策也激起农民的抗争。由于经济情况不好，失业人数多达50万，青年学生面临着毕业即失业的威胁。1968年各种社会矛盾日益尖锐，以青年学生为前导，法国掀起了五月风暴。

法国五月风暴

戴高乐自传

高乐黯然神伤，宣布辞职，不到两年，他就在抑郁中去世了。

希望保卫国民的经济安全，可是最终却被民众抛弃，这是戴高乐去世前一直不能释怀的一件事情。他在自传中用忧伤的笔调写道：“我怎么会不知道，有益于法兰西民族的东西既会在舆论中遭到指责，也会在选举中遭到失败呢？”这成了他的自传《希望回忆录》中最后一页的最后一句话。

季卫东　上海交通大学法学院教授

像戴高乐这样一个具有英雄情怀的人，他重视的不是现实的利益，而是名誉，是人类未来发展的前景。我们可以看到，在长期理性和短期利益行为之间，势必会发生冲突，而这样一种冲突，即使像戴高乐这样的强人也很难抵挡。所以他试图挽狂澜于既倒，但最后他却倒在了狂澜之下。

就在戴高乐去世后的第三年，1971年8月15日，当时的美国总统尼克松宣布，美元正式与黄金脱钩。从此

100美元

以后，美元与各国货币真正成了一张仅仅依靠国家信用非由黄金衡定的充满不确定价值因素的纸。

张燕生　国家发改委学术委员会秘书长

什么叫脱钩？这可是二战死了几千万人换回来的一个国际货币体系。这个国际货币体系造就了1950到1973年世界经济增长的黄金时期。按照斯密森协议和很多史学家的研究，1950—1973年这一段时间，无论是各个地区的GDP总值还是各个地区的人均GDP，增长速度都超过历史上任何一个时期。就这么中断了，一个黄金时期结束了。

从印加帝国的末代君主阿达瓦尔帕，到曾经的美国首富苏特尔，再到二战以后声名显赫的法国总统戴高乐，他们先后都在寻求一种安全——生命的安全、财富的安全、国家的安全，可是他们又无一例外地失去了安全，成为一幕幕悲剧的主角。把他们推向悲剧的黑手，不是其他，毫无疑问是人类自身的贪婪。

一幕幕黄金折射的人性悲歌，值得人们驻足深思。历史不断前行，人类的道德与良知会不会终将被自身的贪婪所遮蔽？一旦失去规则对安全的庇佑，人类社会又将去向何方呢？

二百年前，一位经济学家忍不住发出这样的感叹："追求财富的人们时常放弃通往美德的道路。不幸的是，通往美德的道路和通往财富的道路，两者的方向有时截然相反。"

感叹的人名叫亚当·斯密，今天人们熟知这个名字，很大程度上是因为他提出的以"看不见的手"为标志的自由经济主张。作为一位崇尚自由发展的经济学家，亚当·斯密始终相信，人的天性中确实有利己

亚当·斯密《道德情操论》

身处急剧变革的市场经济大潮中，每一个普通人都面临着贫富差距拉大，企业改革，股市非理性繁荣等各种各样的问题，人们身处其中又常常感到被自私、虚荣、妒嫉、仇恨、贪婪和背信弃义等不道德的情感所包围，因而更加向往感恩、大度、慷慨、正直、勤俭、自我克制等人性的美德。而这些不道德和道德，以及衍生出以上种种人类情感的"同情感"正是二百多年前现代经济学之父——亚当·斯密在撰写《国富论》之前，甚至在写完《国富论》之后一直不厌其烦反复思考的焦点。他耗费毕生的心血把这些思考写成了这本十分罕见的，也可以说是至今唯一的一本全面、系统分析人类情感的作品。他想告诉读者——人在追求物质利益的同时，要受道德的约束，不要去伤害别人，而是要帮助别人，这种"利他"的道德情操永远地种植在人的心灵里。而且，每个人对这种人类朴素情感的保有和维持对整个市场经济的和谐运行，甚至民族的强盛都是至关重要的。

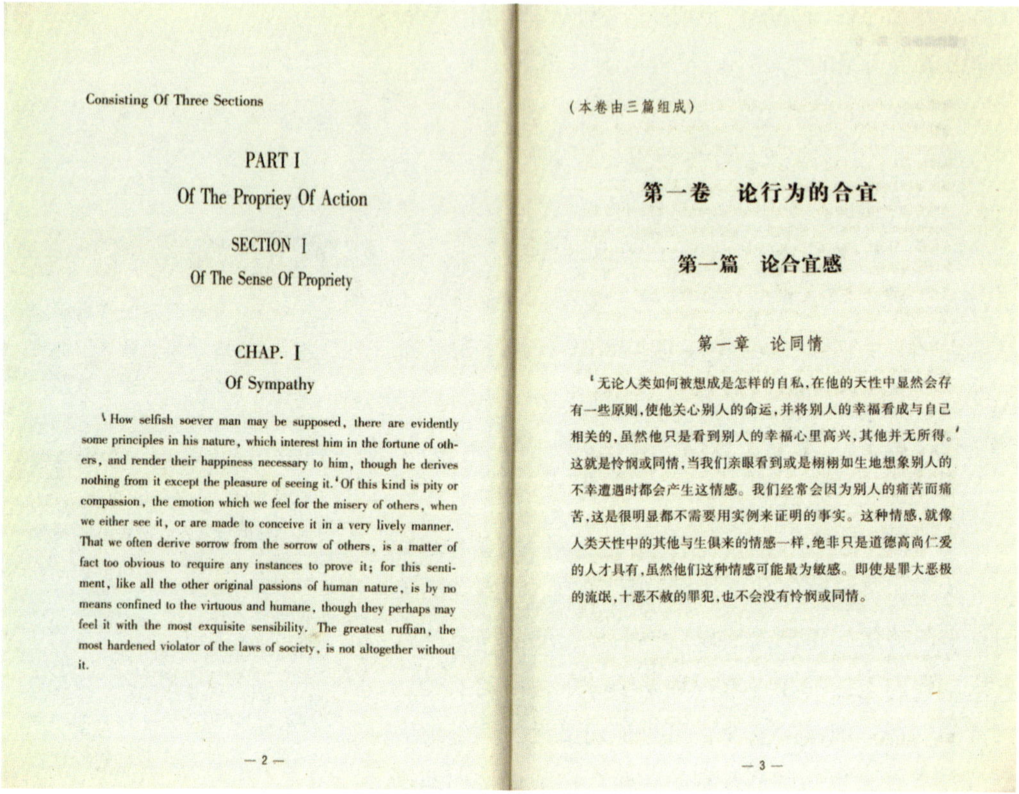

Consisting Of Three Sections

PART I

Of The Propriey Of Action

SECTION I

Of The Sense Of Propriety

CHAP. I

Of Sympathy

'How selfish soever man may be supposed, there are evidently some principles in his nature, which interest him in the fortune of others, and render their happiness necessary to him, though he derives nothing from it except the pleasure of seeing it.' Of this kind is pity or compassion, the emotion which we feel for the misery of others, when we either see it, or are made to conceive it in a very lively manner. That we often derive sorrow from the sorrow of others, is a matter of fact too obvious to require any instances to prove it; for this sentiment, like all the other original passions of human nature, is by no means confined to the virtuous and humane, though they perhaps may feel it with the most exquisite sensibility. The greatest ruffian, the most hardened violator of the laws of society, is not altogether without it.

— 2 —

（本卷由三篇组成）

第一卷　论行为的合宜

第一篇　论合宜感

第一章　论同情

'无论人类如何被想成是怎样的自私，在他的天性中显然会存有一些原则，使他关心别人的命运，并将别人的幸福看成与自己相关的，虽然他只是看到别人的幸福心里高兴，其他并无所得。'这就是怜悯或同情，当我们亲眼看到或是栩栩如生地想象别人的不幸遭遇时都会产生这情感。我们经常会因为别人的痛苦而痛苦，这是很明显都不需要用实例来证明的事实。这种情感，就像人类天性中的其他与生俱来的情感一样，绝非只是道德高尚仁爱的人才具有，虽然他们这种情感可能最为敏感。即使是罪大恶极的流氓，十恶不赦的罪犯，也不会没有怜悯或同情。

— 3 —

《道德情操论》

的一面，而它恰恰也是社会进步的动力所在。

不过，作为格拉斯哥大学长年的道德哲学讲师，亚当·斯密同样认为，人的天性中始终应当有善的一面。在另一本代表作《道德情操论》中，他这样写道："无论人们会认为某人怎样自私，这个人的天赋中总是明显地存在着这样一些本性，这些本性使他关心别人的命运，把别人的幸福看成是自己的事情，虽然他除了看到别人幸福而感到高兴外，一无所得。"

乔洪武　武汉大学经济管理学院教授

他就说，如果你自己只考虑自身的利益，那么他人和社会就不会去与你相互交换，你自身的利益也就不可能实现。也就是说，你不做到公正的话，你是不能够长远地在市场经济中获胜的。

杨敬年　南开大学国际经济贸易系教授

人不为求利益，谁还来做生意、来生产呢？所以你完全没有利己之心，经济就不能发展，社会就不能进步。可是，你不调节它，放任自流，那就不好了，贪污腐化就来了。

如果说利己的天性是人类社会前行的动力，那么善的本性和由此带来的对规则的遵守，就应当是社会存续的根基。1871年2月24日，生物学家达尔文在《人类的由来》一书中提出，物竞天择固然是生物世界统一的生存法则，但拥有“就过去与未来的行为和动机做些比较，而又能分别地加以赞许或不赞许”的能力，才是人类与动物世界的根本区别，而这个区别，正是规则约束下的人类德行。

达尔文（1809—1882）《人类的由来》

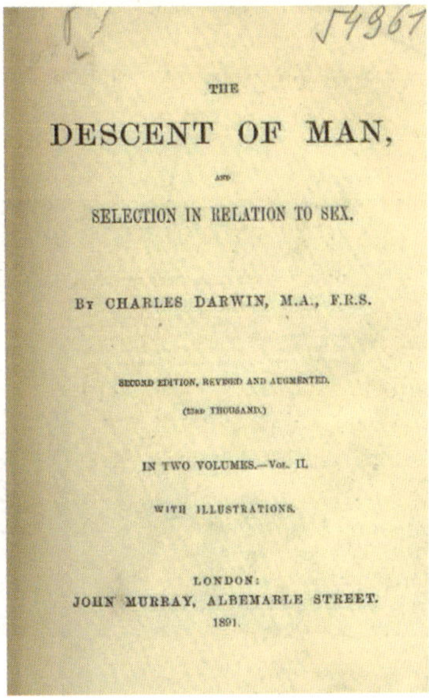

THE

DESCENT OF MAN,

AND

SELECTION IN RELATION TO SEX.

BY CHARLES DARWIN, M.A., F.R.S.

SECOND EDITION, REVISED AND AUGMENTED.

(23RD THOUSAND.)

IN TWO VOLUMES.—VOL. II.

WITH ILLUSTRATIONS.

LONDON:

JOHN MURRAY, ALBEMARLE STREET.

1891.

今天，当人类前所未有地占有了黄金，占有了这个星球上所有资源的时候，却也正面临着经济危机之后的迷茫。在这个时候，人们更应该回头看看，在黄金面前，人类曾经付出了多少沉痛的代价和教训。而问题是面对未来，人类能够避免重蹈覆辙吗？

张杰　中国人民大学财金学院副院长

如果没有某些东西作为约束、作为缓冲的机制，人人都在竞争利益，各个国家都在疯狂地竞争利益，最终的结果可能是整个世界社会经济的崩溃。每一个人都想得到最好，实际上他们最终得到的是最坏。

胡守钧　复旦大学社会学系教授

规则提供自由，但是规则同时限定自由。所以规则有双重性：它确保你的自由，但是它同时限制你的自由，限制你的自由是为了确保他人的自由。所以，人们对规则也有双重心态：有利于保护我的自由的规则我拥护，一旦这个规则限制了我的自由，我就想办法蚕食它，阉割它，破坏它。有特权的人不用花大力气就能破坏，没有特权的人费力地慢慢破坏。最后，真正的规则没有了，人们又后悔了：哎哟，我们都倒霉了。这种事情在人类历史上不断地重复着。

朱大可　同济大学文化批评研究所教授

人在财富面前确实有人性的另外一面会暴露出来，无论是欧洲人还是东方人都有这个问题。很少有人能够在黄金面前和在上帝面前一样做出非常正确的判断。选择很难，尤其是那些华丽的、灿烂的财富。所以从这个意义上，我们可以看到人性的弱点，实际上是全世界共通的。只不过如果你受过更好的教育，你就会有更好的自制力，有更好的伦理的约束力，你可能会做得比别人更好一点。但是不能说你的身上就完全没有这样一种贪婪的欲望。

1974年，以十二册巨著《历史研究》讲述

阿诺德·汤因比（1889—1975）《历史研究》

汤因比与《历史研究》

汤因比在这部著作中，以文明为研究单位，从一个宏大的视角出发，将人类史作为一个整体加以考察。对已知的至少三十一种文明，汤因比进行了分析和归纳，对文明的起源、成长、衰落、解体加以描述。同时，大一统国家和大一统教会的建立也进入作者的视野。在此基础上，汤因比还广泛地考察了历史长河中各个文明在时间和空间中的碰撞、接触和融合。汤因比闻名遐迩的挑战—应战模式贯穿全书并得到了很好的体现。为什么要从整体上研究历史呢？汤因比认为这是“现实需要”。由于技术上日新月异的进步，人类逐步消除了在空间上的距离，但这并没有给人类带来“天下一家”的和谐状态。汤因比在有生之年（1889—1975）曾经历了人类历史上最为惨烈的两次世界大战，他不仅看到战争给人类文明造成的巨大破坏，而且深感人类的相互残杀给后世带来的紧张、不安、沮丧和暴力正将人类推向自我毁灭的危险境地。“为此，我们必须相互熟识，这意味着我们需要逐步熟悉彼此的历史，因为人类并非仅仅生存于直接的现在。”正是出于这种对人类文明的深切忧虑和对人类文明的无限希望，汤因比怀着一颗“好奇心”和深厚的人道主义精神，以其杰出的智慧、孜孜不倦的热情，为我们这个时代及后世留下了这笔精神财富。

世界各个主要民族兴衰的英国著名历史学家汤因比说：“在允许贪欲肆虐的社会中，前途是没有希望的。没有自制的贪欲将导致自灭。”他进而警告说：“人类力量所创造的文明背叛了人类自己，也正将这种文明送进坟墓。”

这是一个预言，还是一个警示呢？人类向前飞奔的脚步，曾经为着黄金而来；人类飞奔的脚步，又曾把黄金远远地甩在了自己的身后。我们曾无数次地赞美黄金，也曾无数次地诅咒黄金，在这两种截然不同的态度中，我们是否从黄金的身上看到了人类自己的影子呢？悲情的黄金、贪婪的诱惑，面对这一切，也许最为左右为难的，恰恰是人类自己。

独家访谈
EXCLUSIVE INTERVIEW

第一财经：关于人性究竟是善还是恶的争论，可能已经持续了几千年。启蒙时代的许多学者，包括马基雅维利、霍布斯、洛克、亚当·斯密，他们都对人性的善恶提出过各自不同的假设。我们应当如何看待这些看起来完全不同的立场?

何怀宏 北京大学哲学系教授

我觉得其实人性从古到今没有大变，或者人性的变化是缓慢、微弱的，不会有很大的变化。只是到近代有一个变化，就是话语的变化。以前是不太讲或至少不去宣扬和主张人性，人的欲望，但是到了近代，从启蒙时代就觉得要正视人性中的欲望，不把它看成恶的东西。所以在马基雅维利那里，在霍布斯那里，你可以看到很明显的这样一个启蒙时代的特点，就是公开地，你也可以说清醒地，但是也可能有时候是过度地来阐明或者宣扬人性中的欲望，这就对社会带来一个很大的冲击。原来大家都觉得要去做一个圣徒，做一个圣洁的人，这是我们的追求。但现在觉得我就是要赚钱，我就是要发财，这是我成功的一个标志，我在俗世成功的标志。但是欲望如果太强，就很容易冲破规则。你可以看到，全球近代化一方面带来了经济的飞速发展，但是另一方面也带来了利益的冲突，有时候甚至贪欲造成了灾难。

无论是印加帝国还是苏特尔，你都可以看到法制在那儿失效了，规则在那里失效了，所以会发生那样的灾难。比如说西方殖民者，到了印加帝国，就不按他们原来在西方世界的规则行事，他就可以采用欺骗的手段，暴力的手段。这个其实在他原来生活的世界——欧洲是行不通的。但是到这里，面对另一部分人他可以不遵循这样的规则，这就是说他抛弃了他的道德规则、法制规则。

第一财经：亚当·斯密认为，人的天性是追求利益的最大化。在这样的情况下，如何实现社会的公平？

杨敬年　南开大学国际经济贸易系教授

人总是有一些好的欲望、好的动机，也有一些不是太好的欲望、不是太好的动机。孟子就说，人有恻隐之心，有羞恶之心，有辞让之心，有是非之心，就是仁义礼智，这是好的，人类互相爱嘛。可是罗素就说人也有几种欲望，一种是贪欲，一种是竞争，还有虚荣心、权力欲，这也是人对自然的要求。这几种欲望是永远不能满足的，是越满足越膨胀的。这几种欲望，你要完全没有，那经济就不能发展。人不去求利益，谁还来做生意，还来生产呢？所以你完全没有，经济就不能发展，社会就不能进步。可是，你不调节它，放任自流，那就不好了，贪污腐化就来了。所以，人有这两种感情，我就觉得应该用经济制度、政治制度、伦理道德，发扬那个好的倾向，调节抑制那个坏的倾向。

第一财经：今天，人们再次遭遇到了经济危机。如果此时再回溯一下亚当·斯密的思想，我们能够从中找到怎样的警示，来度过现在的危机？

乔洪武　武汉大学经济管理学院教授

斯密的著作毕竟是二三百年以前的著作了，我们要想从斯密那里来找直接的现成答案显然是不可能的。但是斯密的一些思想是可以为我们解决今天的危机提供依据和保障的。特别是，作为建立今后的这种长效机制提供精神的保障，这一点是可以做得到的。比如他所提到的，人们对这个公平和社会公德的敬畏之心，对于遏制资本的无限贪婪、无限扩张，具有精神上的作用。比如说，他呼吁社会完善法制。像现在来说，特别是次贷危机之后，像美国等发达国家也相继出台了政策，完善对金融特别是金融高管的监管和制裁的力度。这也是从斯密的精神中得到启发的。

第一财经：在最近的经济危机中，黄金的价格逆势上扬，甚至有人提议恢复金本位，这说明什么问题？

王家春　中国人保资产管理公司首席经济学家

我觉得这里面其实包含了两个因素。一是大家实际上对过去几十年来纸币不断膨胀，带来物价不断上涨，而且通胀的幅度是被统计体系低估，这样一些现象的不满；另外一个就是在这种纸币体系下，银行好像是无限度地使用纸币工具，它可以把它收缩，又可以把它放得很大。这就给任何一个持有纸币的人带来一种很强的不安全感，对纸币体系没有一个基本的稳固的信任，所以重新产生这样一个对金本位的某种期待或者向往。

这里面其实包含了一个纸币万能论思想。一旦形成这种认识以后，它其实就非常有害。整个社会疯狂地去追逐这个纸币，谁追得少了好像谁就变穷了，谁的地位就下降了。大家都追求这个纸币，其实最终的结果是什么呢？谁都没得到好处。

你拿了更多纸币，我也拿了更多的纸币；你拼命追逐，我也拼命追逐，我们在纸币层面都成了富翁，或者我成为更大的一个富翁。但实际上就真正的购买力来说，就未来的购买力来说，其实你并没有真正变得那么富有。你只是稀释了大家的购买力，是对所有持有货币的主体进行的欺骗。最后，一场金融危机又给你打回原点去，你并没有变得更富有。现在大家重新来反思这个纸币制度，我觉得是很正常的。

第一财经：人类对于纸币的追求折射出人类的哪些欲望？

张庭宾 《黄金保卫中国》作者

大部分人都是有自私之心的。这个自私之心如果不受遏制，就会不断膨胀，就表现为一种贪婪，然后越来越垄断，越来越要剥夺他人的利益。一旦纯信用纸币摆脱了黄金的最后制约，央行就会不断地印钞票去交换别人财富，这在某种意义上是纵容、鼓励了这种贪婪欲望的膨胀。这种不受遏制的膨胀，会导致整个纸币体系、整个虚拟金融以及金融衍生品体系越来越庞大。最后，当纸币发行者无以维系其信用的时候，整个体系就会坍塌，就会解体。

GOLDEN AGE

5

尊贵的黄色

透过历史迷雾，搜寻黄金身影，我们猛然发现，即使在人类的不同文明处在萌芽状态彼此隔绝的时候，人们对黄金的认识也有着惊人的相似。黄金，融财富、权力与艺术于一体，无论是古埃及人、古巴比伦人，还是古代中国人、印第安人，都无一例外地选择黄金作为崇拜的对象。

黄金，拥有和大地一样的颜色，上承天德，最盛淳美。

黄金曾经成为帝王头顶的皇冠，昭示着等级的森严与皇权的至高无上；黄金曾经成为商人手中的一枚货币，将远隔万水千山的世界紧紧相连。

人类拥有了黄金，不断开创着一个个灿烂的文明；但人类又为了拥有黄金，不断地征服杀戮，毁灭文明。

回眸历史，当我们的视线始终注视着黄金，其实黄金也在审视着我们的心灵，审视着这个世界。

从人类发现黄金的那一天起，这种储量稀少；散发着太阳光芒的金属自身其实并未改变什么，改变的是我们人类自己。

金条，中国百姓在过去的一段时期内难得一见，现在却可以在城市的金店里自由买卖。然而在87岁的上海老人唐薇红眼中，这块金条却有着特别的含义。四十多年前的“文革”时期，正是靠着这普通的小金条，唐薇红一家人才度过了那段非常艰难的日子。

唐薇红　上海老人

当时一个小金条可以用三个月，六个小金条是三六一十八，可以用一年半。一年半就靠这个小金条过日子。后来家里好一点的东西都去寄卖了。

吴永林　上海老人

它是家当，咱们中国人讲究藏家当。农村里买的土地是家当，盖的房子也是家当；城市里面要储备黄金，黄金就是家当，放到什么时候都值钱。不像货币，货币要贬值，黄金不会贬值。

在传统的中国社会，只有家境殷实的大户人家，能够做到藏金于室，传给后世子孙。而对于大多数的普通中国百姓，黄金对他们来说仅仅是只闻其声，不见其物。但黄金传家的观念，也或多或少地存在于他们的头脑当中。

新中国成立以后，政府对黄金生产和消费都实行了管制。黄金被作为战略物资储备起来，主要用于紧急的国际贸易支付。

魏本华　原国家外汇管理局副局长

那是我国一个特殊时期。可以说那时候，我们国家自己的黄金产量加上进口黄金的产量也不能够充分满足国内的需要，所以我国在那个特殊时期不得不采取一些限制、控制手段。

顾文硕　上海黄金交易所综合部总经理

黄金的管理体制一直延续了将近50年，一直到上海黄金交易所建立的时候，才打破了由国家统购统配，计划配置市场资源、黄金资源的这样一个黄金管理体制，开始由市场来配置黄金资源。

戴相龙　全国社保基金理事会理事长，原中国人民银行行长

黄金就是一种货币，是有价值的货币，也是稀缺的资源。在当时中国哪一年有那么多的外汇储备呢？几个亿、十几亿就了不得了。最初很少的。所以黄金作为外汇储备的一部分，中央银行要集中起来。它是可以保值的，万一国际收支不平衡，把它卖掉就可以获得美元来支付。所以它是一个非常稀缺的资源，是国家的重要财富。

20世纪80年代，伴随着国内政治与经济政策的重大调整，1982年9月，中国政府重新开启了中断三十三年的黄金饰品市场。一时间，拥有一件黄金饰品，成为大多数城市市民的向往。二十年后的2002年10月，上海黄金交易所正式开业，标志着中国的黄金业开始走向市场化。黄金，又得以有机会和中国的普通百姓建立起真正的联系。

当我们的目光透过历史的迷雾，努力搜寻着黄金的身影，我们发现当人类不同的文明处在萌芽状态、彼此隔绝的时候，对黄金的认识却有着惊人的相似。古代埃及人、中国人、印第安人，都无一例外地选择了黄金作为崇拜的对象。

黄金的元素符号来自拉丁文，原意是“光辉灿烂的黎明”。黄金一词在梵语中意为闪光，在德语中含

上海黄金交易所

是经国务院批准，由中国人民银行组建的中国唯一合法从事贵金属交易的国家级市场，2002年10月30日正式开业。它为中国黄金市场的参与者提供了现货交易平台，使黄金生产与消费企业的产需供求实现了衔接，完成了黄金统购统配向市场交易的平稳过渡。目前交易的品种有标准牌号Au99.99、Au99.95、Au99.9、Au99.5四种，标准重量为50克、100克、1千克、3千克、12.5千克的金条、金锭和法定金币。黄金交易的报价单位为人民币元/克（保留两位小数），金锭的最小交易单位为千克，金锭的最小提货量为6千克。上海黄金交易所的建立，使中国的黄金市场与货币市场、证券市场、外汇市场一起构筑成中国完整的金融市场体系。

埃及法老黄金宝座

有明亮的意思，在意大利语中则代表着黎明之光。

在古埃及，黄金是太阳神的象征。黄金，既被法老用作树立自己权威的工具，也被作为人类灵魂走向来世、求得永生的寄托。

郭小凌　首都博物馆馆长

我觉得黄金的颜色在所有的金属里是最明亮的，它又不生锈，总是闪闪发光。

朱大可　同济大学文化批评研究所教授

金光灿灿，尤其在阳光下，它闪烁出与其他金属完全不同的光泽。

顾文硕　上海黄金交易所市场部总经理

这种金属跟其他金属不一样，它有它自身的魅力，它有一种历史文化的传承，能够感染到很多人的思想和灵魂。

王家春　中国人保资产管理公司首席经济学家

实际上，几千年来它时时刻刻投射在我们的内心世界，我们喜欢黄金。

在古印加帝国，人们把对黄金与太阳的崇拜联系在一起。据说印加人用黄金建造了一座太阳神花园，里面的花草树木，甚至花园里的土地都是用黄金搭建与铺就的。

在古代中国，流行的五行说把金、木、水、火、土看成是人类生存离不开的自然之物。在农业社会，金属是制造生产工具的必需之物，故而古代中国人把金放在五行之首，而黄金就属于五行中的“金”。

五行学说

是中国古代的一种物质观。五行指金、木、水、火、土五种物质，五行之间存在相生相克的关系，其中木克土，土克水，水克火，火克金，金克木。中国古人认为，大自然是由这五种物质构成的，大自然在这五种物质的相生相克中不断发展变化，不但使宇宙万物循环不已，而且也影响到社会的发展和人的命运。

马未都　观复博物馆馆长

金木水火土，土排最后，金排第一，古人心目中金还是非常重要的。这是我们几千年文化的一个积淀、一个公认。

张庭宾　《黄金保卫中国》作者

金在某种意义上代表天，叫“金一生水”，所以金在中国的五行中是缘起之点。

隋文帝杨坚（541—604）

黄色，也就是黄金的颜色，同样也是人类赖以生存的土地的颜色。“女娲以黄土造人”是《山海经》等文献中记载的古老传说；这些黄土造出来的人类是“黄帝”的子孙，生长繁衍的摇篮是“黄河”，几千年来世世代代耕种的是黄色的土地。

公元581年，隋文帝杨坚推翻了北周政权，登上了渴望已久的帝王宝座。他身披黄袍，成为中国历史上第一个“黄袍加身”的皇帝。

唐高祖李渊（566—635）

明末清初思想家王夫之在《读〈通鉴〉论》中写道："开皇元年，隋主服黄，定黄为上服之尊，建为永制。"

隋朝建立仅仅三十年之后，新的王朝大唐取代了隋朝。在建国开元之初，新的规章典范全面重建之时，皇帝身穿黄袍治理天下的方式却被原封不动地保留了下来。公元618年，唐代开国皇帝李渊又颁布了一项新法：文武百官、平民百姓从即日起，禁止穿着黄色的衣服。

当皇帝占有了黄色，自然也就垄断了黄金。在中国的唐朝，两家官方机构——掌冶署和金银作坊院——专门负责对金银器进行集中管理，官府作坊的黄金制品只供皇室宫廷使用，即使是皇亲国戚，也只能通过皇帝的赏赐获得黄金。《唐律疏议》舍宅与服器物一章中记载道："器物者，一品以下，食器不得用纯金、纯玉。"

龙椅

王庆祥　吉林省社科院研究员

他们住的地方肯定是黄色的垫子，黄色的被褥，出门的时候肯定是黄色的轿子，黄色的车。

邵磊　南京博物馆研究所研究员

特别是到元朝的时候，根据有关元朝的文献记载，就是皇宫里边墙的内壁都刷了黄金。

郭小凌　首都博物馆馆长

普通老百姓哪有这样的尊荣？哪有这样的豪华，这样的气派？当然没有。它代表了一种权威——贵族的、皇家的、宗教的权威，往往同黄金联系在了一起。也只有皇族、贵族或寺庙才拥有那样多的黄金。

从黄金的物理属性看，黄金质地均匀，易分易合，便于铸造；黄金的体积小而价值大，坚韧耐用，不易磨损，不易腐蚀，容易保存。这让黄金成为大自然赐予人类的最好的铸币材料。

中国是世界上最早铸造金币的国家之一，有文字记载始于商代。春秋战国时期，楚国以黄金作为货币，出土文物中发现的“郢爰”金币，就是由楚国铸造的。齐国宰相管仲就非常羡慕楚国多金，他说，只要得到楚国的黄金，农民不耕地也有饭吃，女子不织布也有衣服穿。

令人遗憾的是，随着楚国被秦所灭，楚国的金币也消失在了历史的长河中。秦始皇统一六国之后，颁布了秦币统天下之币的法令。规定上币为黄金，下币为铜。

季卫东　上海交通大学法学院院长

上币本身的发行量比较少。作为一种支付手段，它本身的支付能力是非常强的。它便于携带，便于储藏，在出现重大问题的时候，比如当一个国家需要支付的时候，它是强有力的支付手段。

张杰　中国人民大学财金学院副院长

这就说明，我们国家的贵金属货币并不是没有使用过，而是还处在上层社会使用阶段，还处于自上而下的探索中，不在老百姓日常的自由交易当中使用。

郢爰——春秋战国时期楚国金币

朱大可 同济大学文化批评研究所教授

首先是官府最高阶层或权贵阶层垄断黄金，作为权力的象征。另外，还有一种观念是如果黄金进入流通市场以后，就会变价，价格会下降，变贱，变成贱物。凡是流通的，一定是贱物，带有臭味的，这是中国人非常重要的一个传统观念。所以国家不愿意让黄金流通，不愿意让它变成货币。

吕地亚“狮币”

吕地亚是小亚细亚中西部的一个古国（前1300年或更早—前546），位于今天土耳其的西北部，可能是最早使用黄金铸币的国家。现在已知最早的黄金铸币就出现在吕地亚，时间估计是公元前600年前后。由于该货币上经常出现一只狮子的头像，所以也被称为“狮币”。之所以最早的黄金货币出现在这里，是因为吕地亚当地富含金银矿。“狮币”就是由金银合金铸成的，大概含54%的金、46%的银，重量约4.74克，直径约11毫米。可以看出，吕地亚王国当时是在有意保证这些货币的成份、重量、大小的稳定，这就是国家保证其信用的体现。而打上狮头的印记，既表明王室的支持，也体现了吕地亚的当地特色。

公元前635年，世界上第一枚黄金铸币产生于小亚细亚的富庶古国吕地亚。只因处于盛产黄金的河边，于是黄金在这个国家天然地成为商品交换的媒介。

吕地亚位于横跨东西方的交通要道上。从东方而来的波斯人征服了吕地亚之后，从那里学会了铸造并使用金币；随后，以色列人又像学生一样，从波斯人那里学会了使用金币。从西方而来的聪明的希腊人也师从吕地亚的货币文化，并开始铸造金币。埃及在被亚历山大征

吕地亚金币

服以后，也步其后尘。另人难以想象的是，吕地亚的黄金铸币就像魔瓶里跳出来的一只神怪，走出了小亚细亚，影响和贯穿了几乎整个人类历史。

向松祚　中国人民大学国际货币研究所副理事长

从人类文明的历史来看，吕地亚人最早开始使用黄金铸币，首先是开启了黄金主导人类货币体系长达几千年的历史，其次是它从此赋予黄金以一个非常特殊的地位。

张庭宾　《黄金保卫中国》作者

它降低了人们之间的交易成本，使得不同国家之间，不同文明之间，在全球范围内进行商品交易和流通成为可能。

邓钢　英国皇家历史学会院士

因为人类在很长时间内进行的都是Barter Trade，即物物交换。突然出现了白银黄金作为中介，这实际上是人类在经济上、贸易上的一次大解放。

黄金作为货币历史的大幕，从此拉开。在吕地亚之后，黄金的拥有和使用不再是王室的特权，虽然黄金只能被少数富人所拥有，但是黄金作为货币已经确凿无误地流转于大众之手，在黄金身上，权力和财富的观念开始交织并浑然一体。

波斯国王大流士一世将自己的头像印制在用黄金铸造的货币之上，彰显自己的权威。古罗马的亚历山大大帝用黄金向他的雇佣军士兵发放薪水，当他们回乡的时候，派发慰问金币。罗马人对黄金的喜爱，更是深入骨髓。在古罗马的共和时期和此后的帝国时期，黄金是罗马人获得政治权力的敲门砖。与有史以来统治国家的帝王不同，在古罗马，一个人在国家事务中的话语权，取决于其拥有的黄金数量，而并非取决于他的父亲是什么人。

如果说当时的罗马皇帝从黄金中看到的是巨大的财富，那么在当时的中国汉代皇帝眼中，黄金则更多地代表着权力。对于黄金的独占，也就意味着对于权力的垄断，意味着统治的延续。

《汉书·食货志》记载，在汉文帝十二年，大臣晁错向汉文帝上书称："夫珠玉金银，饥不可食，寒不可衣，然而众贵之者，以上用之故也。"上就是帝王，晁错认为，大家之所以重视货币，是因为帝王用它。晁错还进一步指出："金银珠宝为物轻微易藏，在于把握，可以周海内，而亡饥寒之患。此令臣轻背其主，而民易去其乡。"

胡守钧　复旦大学社会学系教授

晁错想通过控制财富来控制老百姓。黄金是一种财富的表现，把黄金控制住，那么财富的流动性就很差。

大流士一世（？—前486）

波斯帝国的伟大君主，前522—前486年在位，建立了世界历史上第一个地跨亚非欧三大洲的帝国。统治期间实行一系列改革，如首创行省制，改组军队，实行军政分权，整顿赋税。在货币方面，大流士规定帝国流通三种合法铸币，其中金币只能由中央铸造，各行省可铸造银币，各自治市可铸造铜币。金币流通全国，银币和铜币则只在一定的行省或自治市流通。

亚历山大大帝（前356—前323）

前336—前323年在位，马其顿帝国最富盛名的征服者，欧洲古代历史上最伟大的军事天才之一。曾师从古希腊哲学家亚里士多德，20岁继承王位。他雄才伟略，勇猛善战，在位的短短十三年间，东征西讨，先是确立了在全希腊的统治地位，后又灭亡了波斯帝国，建立起一个西起古希腊，东到印度恒河流域，南临尼罗河第一瀑布，北至药杀水，横跨亚、非、欧三大洲的庞大帝国，促进了东西方文化的交流和发展。

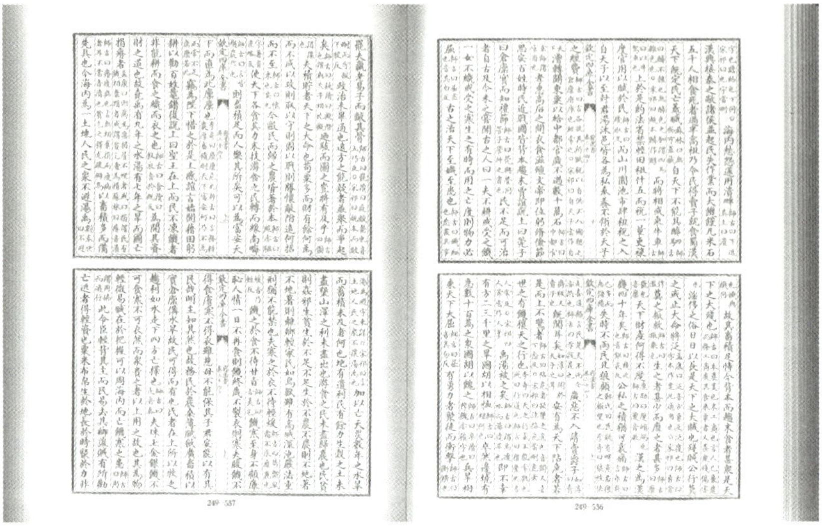

《汉书·食货志》

梁小民　北京工商大学教授

古代封建社会要求人们绝对服从君主，个人不能有自由。所以晁错当年提出这个主意，目的就是限制个人的自由，保护皇权。

夏维中　南京大学历史系教授

商业以及随之而来的社会阶层的流动，区域之间人们的流动，会对小农经济社会体系产生巨大的冲击，而小农经济体系的稳定，是中国古代封建朝廷得以立足和巩固统治的一个根本。

韦森　复旦大学经济学院教授

这是历朝历代的基本国策，这是中国两千多年一直没有像西方形成近代和现代工业，以及现代市场经济的一个很重要的原因。这在文化层面是根深蒂固的。

汉景帝刘启统治期间，接受了晁错的这一说法，他下诏说：“农，天下之本也，黄金珠宝，饥不可食，寒不可衣。以为币用，不识其始终。”黄金珠宝很美，但是从来不如谷物芝麻对天下百姓有益。

自汉以后，中国历代的封建帝王，都采纳了重农抑商的政策，让百姓安心农业，禁锢于土地之上，不要试图去从流通的商业贸易中赚取财富。堵住了一条路，必然还需要寻找另一条路来满足子民们的欲望。在中国，这条道路就是以利禄为诱饵，让人们一门心思地去争取“入仕为官”。

晁错（前200—前154）

刘彻执政的时候，罢黜百家，独尊儒术，中国人的思想几乎被统一。著名历史学家顾颉刚对此评价道：“秦始皇的统一思想是不要人民读书，他的手段是刑罚的裁制；汉武帝的统一思想是要人民只读一种书，他的手段是利禄的诱引。结果，始皇帝失败了，武帝成功了。”

汉武帝刘彻（前156—前87）

作为高高在上的皇帝，宋代真宗皇帝赵恒就曾放下九五之尊，亲自作诗来告诉天下，考取功名，入仕为官的莫大好处。“富家不用买良田，书中自有千钟粟；安居不用架高堂，书中自有黄金屋；出门莫恨无人随，书中车马多如簇；娶妻莫恨无良媒，书中自有颜如玉。”

经过了历朝历代皇家的确认，士农工商，中国人的身份地位就这样被划定，并深入到了中国人的血液之中。追求功名，做一名士大夫，成为了中国几乎所有学子一生的最高追求。

朱大可　同济大学文化批评研究所教授

关键的一个制度是科举。也就是说你识字了，能够考上秀才、举人一直到进士，通过这么一个阶梯，你才能真正改变你的身份，进入高等阶层。这是唯一的被国家认可的通道。商人没有经过这个通道，所以多数人就认为，哪怕你是个巨富，但也不是富贵，而是富贱。

韩昇　复旦大学历史系教授

士农工商，说到底就是国家主导的行政权力独大。既然是国家主导的行政权力独大，就不可能存在官僚之外的能够制约、影响国家的强大的社会阶层，就不可能发展出国家必须尊重的私有权。

黄金的颜色，被封建帝王独占，统治了中国人上千年。黄金，与大多数中国人无缘。普天之下，莫非王土；率土之滨，莫非王臣。高高在上的皇权，垄断了一切生活资料，让所有封建时代的中国人失去了自由。

易中天　厦门大学人文学院教授

古代封建国家是建立在小农经济基础之上的中央集权的郡县制的帝国，它不能摧毁血缘组织，不能摧毁血缘关系。古代的整个国家都建立在一种虚拟的血缘关系之上，君是君父，臣是臣子，地方官是父母官，它是家国一体的。它绝对不能破坏这种血缘关系，不能破坏宗法关系。而商人，或者说商品经济、市场经济，恰恰一定是破坏血缘关系、宗法关系的。

著名金融学家伯恩斯坦在《黄金简史》一书中写道，亚洲的统治者并没有用黄金铸币的观念，他们认为，在公共流通领域投放黄金，将会稀释国家的权力。

正因为如此，在中国封建时代，从来就没有财产权的概念。1215年，在中国的南宋时期，远在欧洲的英国，贵族们就和国王签订了《大宪章》。《大宪章》以法律的形式肯定了财产私有权。

李步云　著名法学家

现代民主和市场经济是密切联系在一起的，它最早的发源地是英国。英国的《大宪章》是现代宪法和现代宪政体制的起源和标志性的里程碑。

季卫东　上海交大凯原法学院院长

英国《大宪章》最重要的历史意义就在于被统治者以一个法律文书的方式，来限制统治者的裁量权，使统治者的裁量权能够按照一种更合理的、得到大家认同的方式来行使。这既可以给权力的行使划出一条明确的边界，同时也使个人的财产权有了一个制度性的保障。

俞吾金　复旦大学哲学系教授

财产权之所以重要，是因为在人权和人格中，最基础最重要的就是物权，而物权表现为财富权。人拥有的财富是神圣不可侵犯的，因为侵犯他的财富，虽然是侵犯物，实际上却是侵犯他的人权和人格。

朱大可　同济大学文化批评研究所教授

财产权与一个人的人格和尊严密切地关联在一起，而且成为社会的一个非常重要的价值观的支撑。如果没有它，社会就会崩溃。所以西方人会把这个东西提升到国家制度的层面。

彼得·伯恩斯坦（1919—　）

一千年前，中世纪的欧洲也处于自然经济时期。当时欧洲人的财产主要分为两大类，一类是土地，另一类是金银器皿、金条、金币和珠宝等。这些财产，绝大部分为国王、贵族和教会所拥有。除了战争之外，黄金成为被闲置的财富，既不投入流通，也不用于生产，普通百姓更是难得一见。

然而，社会变化的动力谁也无法阻挡。变化的基地出现在城市，而不是农村；推动经济发展的动力也不再是土地，而是商业和贸易。

在这条道路上，被称为“中世纪最卓越的商业民族”的意大利人一马当先。

在今天意大利的热那亚、威尼斯和佛罗伦萨等城市的档案馆中，保存着成千上万份13世纪意大利商人留下的账簿这样的商业契约。这些契约传递出这样一个信息，人与人之间应该是一种平等的交易关系，每个人，应当拥有劳动力的自由和处理自己财产权利的自由。

财产权

是指以财产利益为内容，直接体现财产利益的民事权利。财产权是可以以金钱计算价值的，一般具有可让与性，受到侵害时需以财产方式予以救济。财产权既包括物权、债权、继承权，也包括知识产权中的财产权利。财产权是一定社会的物质资料占有、支配、流通和分配关系的法律表现。

不同的社会，有不同性质的财产权利。在资本主义国家，奉行的是私有财产神圣不可侵犯的原则。在社会主义国家，则是公共财产神圣不可侵犯。在不同的社会和国家里，对作为财产权客体的财物种类的限制也不同。在资本主义国家，除已宣布为国有的财产外，几乎所有的财物都可作为私人财产权的客体。在中国，财物依其地位与作用，分别属于国家、集体经济组织或个人。

何兆武　著名思想文化史学者

商业社会靠的就是契约。我们两个人做生意，就

英国《大宪章》

要靠契约。你不是主人，我也不是主人，你不是仆人，我也不是仆人，我们就靠契约来确定关系。

胡守钧　复旦大学社会学系教授

这里头有平等的观念。我们等价交换嘛，等价交换的背后就是平等，所以商品本身会产生平等的观念，流通的观念，还会产生独立的观念。

对于黄金中蕴藏着的权力以及金币所代表的荣耀和声誉，欧洲人早已领悟到精髓。黄金，在中世纪的欧洲沉睡了三百年，终于浴火重生。然而谁也没有料到，被帝王和权贵拿来维护自己尊严的黄金，成为商人手中的货币之后，竟然像一只无形的手，摧毁了封建王权。

1293年，佛罗伦萨工商业者自行颁布了《正义法规》，法规将封建领主踢出了城镇决策会议，市民作为独立的政治力量登上了历史舞台。这是欧洲经济演变中的关键一步。对于如何才能获得财富？佛罗伦萨人给出的答案是：自由。当每一个人能够自由地发挥自身能力的时候，才有可能真正获得财富。

张椿年　著名历史学家，中国社科院世界历史研究所研究员

《正义法规》规定，凡15岁以上的封建主或封建家庭出身的人，都必须向城市的长老会议进行登记；另外你还不能虚报，你虚报了以后还得受惩罚。你是封建家庭出身的，你不能虚报，必须如实地讲，规定得很死。

朱孝远 北京大学历史系教授

你有财权了，你就比较自由了，包括政治上的选举权都是根据你的财产来衡量的。你如果没有财产，就会被认为是个没有根基的人，你甚至不能够参加政治上的选举。

季卫东 上海交通大学法学院院长

如果不把一个人从过去的身份关系中解放出来，就很有可能导致契约，尤其商业契约难以发达，因为人们不能自己做出决定。

孟广林 中国人民大学历史系教授

有了这个自由的权利，人们完全可以根据自己的意志和市场结合起来，这样才能够真正地进行工商业活动。

恰如但丁所说："我的国家是全世界，难道我在别处就不能享受日月星辰的光明么?"

在意大利的佛罗伦萨，矗立着一尊古老的铜像。他的身份既不是公爵也不是将军。他的职业除了雕刻与写作之外，还是当时在佛罗伦萨城里随处可见的打造金器的工匠。他的名字叫：布文努托·切利尼。

出生在1500年的切利尼，天生崇尚自由。凭借高超的雕刻制作手艺，从青年时代起他就浪迹欧洲各国。罗马、那不勒斯、威尼斯、巴黎都曾留下过他的足迹。在巴黎期间，法国国王弗兰西斯一世特许他加入法国国籍。他在自传中骄傲地说道："我知道无论我走到何处都不会缺衣少食。"

在意大利的佛罗伦萨，当成天与黄金打交道的金匠成为推动社会进步的强大力量的时候，人们对于商业的认知发生了改变，整个社会的天平开始倾斜。

克雷格·克鲁纳斯（Craig Clunas） 英国牛津大学艺术史教授

我认为，金匠在佛罗伦萨之所以享有很高的地位，是因为从本质上说他们是银行家。虽然人们把他们叫做金匠，但是他们做的是银行业务。他们借钱给当权者，供他们打仗。

布文努托·切利尼（1500—1571）

詹姆斯·布拉德伯恩（James Bradburne）

佛罗伦萨斯特罗奇宫馆长

手工艺人的地位在不断提高，艺术家成为了一种特殊阶层。他们进入了知识分子阶层和上流社会，而不仅仅只是工人阶级。

罗红波　中国社科院欧洲所研究员

思想就从过去的中世纪的禁锢中解放出来了，这时候就产生了新的艺术、新的思想，于是人们自由的思想、博爱的思想得到了发展。

今天，几乎人人都离不开银行。银行就起源于意大利的金匠行业。金匠也是欧洲最早的货币兑换商，银行的英语单词bank一词，起源于意大利语“长凳”。当时的货币兑换商人相当于今天的金融家，但是他们办公条件简陋，一般坐在一条长凳上从事金币兑换业务。

黄金可以作为商业贸易的货币流转于普通百姓之手？在中国的封建时代，在古埃及的法老时代，在印加帝国的黄金时代，这都是难以想象的事情。在意大利的佛罗伦萨，黄金被铸成金币以后，走下了神坛，迸发出了前所未有的力量。

挣钱是一种贪婪还是普通人赢得尊严的使命？文艺复兴的人文主义者，通过著作，通过艺术品，向宗教特权、国王特权发起了进攻。

意大利人文主义历史学家、佛罗伦萨共和国首相布鲁尼认为，没有财产，德性是无力的，哲学禁受不住贫穷的风雨。佛罗伦萨的人文主义者萨留塔蒂认为，佛罗伦萨共和国的繁荣归功于手工业和商业，从事手工业和商业是值得人们尊敬的事。

文艺复兴给佛罗伦萨带来的不仅仅是黄金金匠地位的提升，而且是把普通人第一次大规模地从王权和神权的束缚下解放出来。

英国文豪莎士比亚笔下的威尼斯商人夏洛克说：“如果你剥夺了我谋生的手段，那不等于剥夺了我的生命吗？”

1763年，英国的首相老威廉·皮特在英国上院发表演讲：“即使是最穷的人，在

意大利手工业者货币兑换

他的寒舍里也敢于对抗国王的权威。风可以吹进这所房子，雨可以打进这所房子，房子甚至会在风雨中飘摇，但是英王不能踏进这所房子，他的千军万马也不敢跨入这间门槛已经破损了的破房子。”

威谦・莎士比亚（1564—1616）

老威廉・皮特（1708—1778）

查尔斯・普罗克特（Charles Proctor） 英国Edwards Wildman律师事务所合伙人

这表达了英国人对财产权的理解，即英国人有权自己处理个人财产。也就是说，当一个英国人在自己的家里，他就是这里的主人，任何人都无权动用他的财产。

水皮 《华夏时报》总编辑

每一个人都是平等的个体。在此之前，个体之间是不平等的，是一种统治与被统治的关系。我觉得这就是对私人产权的保护，它实际上是区别封建社会与资本主义社会的重要前提。

钱弘道 浙江大学法学院教授

有效的财产权制度是近代西方发展的一个关键所在，也是西方关于文明的一种共识。为什么这么说呢？因为一个公民如果没有支配自己的财产的权利的话，那他们会有创造财富的动机吗？没有。他没有创造财富的动机，那么一切经济活动就运转不起来，就不可能有经济的发展。

以黄金为代表的货币经济逐渐取代了自然经济，商业革命最终在欧洲爆发，捍卫与保护私有财产的权力意识也开始深入人心。

英国哲学家约翰・洛克认为，财产权对个人是重要的，如果没有财产权，自由就没有意义，生命就不能维系，追求幸福的理想就化为泡影，因此它的“不可侵犯性”也就不言而喻了。

英国哲学家与经济学家大卫・休谟说：“哪里没有财

产权，哪里就没有自由。”

到了1776年，美国建国之初，更是在《独立宣言》中以造物主的名义庄严宣布：“我们坚决信仰上帝，以我们的生命、我们的财产和我们神圣的名誉，彼此宣誓。”财产权的重要性仅仅次于我们的生命。

《独立宣言》

五年以后的1781年，《独立宣言》起草人之一、美国第二任总统约翰·亚当斯在写给妻子的一封信中说，我必须学习政治和战争，因为这样我的孩子今后才可能有自由来学习数学、哲学、地理、自然历史、航海、建筑、经济，而孩子的孩子们也才能够有机会学习绘画、诗歌、音乐、建筑、雕塑、编织和瓷艺。

约翰·亚当斯（1735—1826）

季卫东　上海交通大学法学院院长

自由需要一个堡垒。如果确立了财产权神圣不可侵犯的原则，那么私有财产就是自由的堡垒。

刘军宁　中国文化研究所研究员

不承认财产权，文明就会崩溃，人就会像动物一样活着。所以财产权是把人的生命权、自由权和追求幸福权合在一块了。财产没有保障，你的性命哪会有保障？

易中天　厦门大学人文学院教授

没有经济的独立，就没有人格的独立；没有人格的独立，就没有思想的独立。但是我必须强调一句，我这儿说的是独立，而不是富有。很多人不明白，老来和我掰扯，安贫乐道怎么讲？贫不是无，我一箪食、一瓢饮，在陋巷，安贫乐道，但是这一箪食、一瓢饮也得是我的呀！如果我喝一口水都得跪下来谢皇上恩赐，吃一口玉米面馒头也得谢赏，那我能独立吗？你可以收入很低，如果你要安贫乐道，但是这一点很低的收入也得是你自己的，是独立的。

严复（1854—1921）

令人感慨的是，1781年的中国人，还远没有美国的约翰·亚当斯那样为子孙后代设想得那么遥远。在浑浑噩噩之中，西方的坚船利炮终于撕开了这个古老帝国腐朽的外衣，蒙受耻辱的中国开始寻求富国强民之路。

清代著名思想家严复在翻译亚当·斯密的著作《国富论》时，拍案而起，愤然写道：“吾未见其民之不自由者，其国可以自由也；其民之无权者，其国之可以有权也。”

袁伟时　中山大学哲学系教授

严复的主要观点是什么呢？有两个方面很突出：一个是国贵独立，即国家要独立；第二个是人贵自由，即人的、公民的自由一定要保障。第二个观点尤其重要。他就是要以民主为体，以自由为重，启蒙人们接受这种民主自由思想。

钱弘道　浙江大学法学院教授

如果一个人在一个社会中连自由都没有，财产权也没有，甚至个人的人身权利都没有，一切都是依附的，那他就是一个奴隶。如果他和别人之间就是奴隶和主子的关系，那他不可能有一种动力，也就推动不了社会的发展。在中国古代，资本主义为什么发展不起来，后来整个社会到晚清时候衰落了？就是因为我们中国古代社会缺少像西方这样的一种契约精神。

回眸历史，我们的视线始终注视着黄金，黄金也在审视着我们，审视着这个世界。从人类发现黄金的那一天起，这种储量稀少，散发着太阳光芒的金属自身其实并未改变什么，改变的是我们人类自己。

黄金可以成为一顶皇冠，昭示着等级的森严与皇权的至高无上；黄金可以成为一枚商人手中的货币，将远隔万水千山的世界紧紧相连；人类拥有黄金，可以开创一个个灿烂的文明；人类争夺黄金，可以残杀同类。就是这个神奇的金属，当我们被它所绑架，我们感受到的是因它而建立的严酷无情的统治；当我们挣脱它的束缚，我们建立起的是对于个人财富制度性的保证，体会到的是扑面而来的清新的自由之风。

独家访谈

EXCLUSIVE INTERVIEW

第一财经：为什么不同文明、不同种族的人都会被黄金所吸引？

马未都　观复博物馆馆长

在视觉上，黄金放出的光泽是一种暖光泽，白银放出来的光泽是冷光泽，而暖光泽给人内心的感受就是好的。另外，黄金的质感很好。我们老说质感，比如我们说一块料子很好，就是质感很好。它可能是毛的，纯毛的，也可能是纯麻的，也可能是纯丝的，这种本身就高级的原材料，就带给你一种质感。黄金也是这种，它质感很好，是由里及外的。做个通俗的比喻，我们老说一个人的皮肤很好，这个皮肤怎么好呢？它实际上是一种健康的标准，它是一种由里及外、向外散发的一种质感，它不完全是一种表面的。一个人皮肤很好，当他生病了马上就觉得不好，为什么？就是因为他内心受到了伤害，导致它的质感不好了。黄金表里如一。黄金有极好的物理性，比如它的延展性特别好。我们知道黄金可以砸成非常薄的金箔，一口气都能吹飞了，但是它依然还能保持黄金那种同样的光泽。我们从表面上有时候看不出一块金的厚薄，为什么？就是因为它在极微薄的情况下，依然能表现出它的质感。有的东西就不行，有的东西必须得有一定的厚度，如果没有厚度，你看到它就不是那种感觉。还有它的耐腐性，它内在的质量，以及它一定的数量——又不是极为罕见，还是有相当的数量，再包括我们赋予它的极大的文化内涵，诸多原因导致黄金成为今天全世界金融交易中最热宠的品种之一。

第一财经：新中国成立以来，中国的黄金市场一直是统购统配，后来为什么要开放黄金市场？

戴相龙　全国社保基金理事会理事长，原中国人民银行行长

我是1995年6月到2002年年底担任中国人民银行行长的。2001年4月，我在人民银行全国金融服务会议上提出，要改变黄金统购统售的体制，建立黄金市场。后来国务院也批准我们，同意成立黄金交易所。2002年10月，黄金交易所在上海宣告成立，开始营业了。这是一个很大的事情，说明上海作为一个金融中心，不但有人民币货币交易市场，有外汇交易市场，有证券交易市场，现在又有了一个黄金交易市场。这个事情意义很大，当时我们的原国家领导人、前任央行行长陈慕华、李贵鲜和我都参加了。前后三任中央银行行长，同时出席这样一个会议，这样一个开业仪式，过去是没有的，说明黄金交易市场在金融市场的地位。从此上海金融市场的品种就齐全了。

上海黄金交易所成立十多年了，它发展很快。首先它交易品种越来越多，交易会员越来越多，交易量也越来越大。2002年成立的时候，当年的交易量才45吨；到2011年它已经达到多少呢？7500吨。这个交易量几年稳居世界第一，这是了不起的。除此以外，它还有黄金的期货交易，在世界上也名列第七位，这是很了不起的。

上海黄金交易所的成立，也促进了中国黄金产业发展。现在我们年产黄金350吨，是世界第一。围绕黄金的勘探、开采、冶炼、加工，形成了一批产业，增加了就业。另外，黄金市场的发展，也使得个人可以通过柜台去买卖黄金，黄金可以被用来打成装饰品。

第一财经：为什么说财产权的保护在现代文明社会里非常重要？

钱弘道　浙江大学法学院教授

如果我们看西方社会，看英国也好，看欧洲其他国家也好，我们会发现这么一个事实、一个现象，就是哪个国家对财产权保护得好，这个国家就发展得特别快。反之，如果这个国家的财产权保护受到破坏了，那么它的发展就会受到限制。所以，国家发展的差异性是由对财产的保护的差异性决定的。为什么荷兰在17世纪会称霸世界？为什么后来英国取代荷兰称霸世界了？就是因为这些国家对财产权的保护超过了其他国家。后来美国崛起的原因，就是说美国称霸世界的原因，同样可以从财产权保护这个制度上去找到答案。

GOLDEN AGE

6

论战黄金

从2600年前吕地亚第一枚黄金铸币，到200年前英国首次确立金本位制，再到80年前各国放弃金本位制，再到40年前布雷顿森林体系崩溃，为了建立一种更加合理的货币制度，人们绞尽脑汁、你来我往地探索和尝试着，但是所有的货币体系和制度又无一例外地遭遇到重大危机。世界的货币之路，到底应该朝着哪个方向走下去呢?

大卫·李嘉图的金价论战，推动了英国金本位制的正式确立。自此之后，英镑因为与黄金挂钩，逐步建立起被世界各国所认同的货币信用，英镑也就此成为了世界货币，独步全球长达一百年之久。

第一次世界大战的爆发，1929年开始的经济大萧条，先后迫使英国、法国甚至美国放弃金本位制度，并严令禁止黄金出口。金本位制从此消失在人类历史的视野中。

随着“二战”的行将结束，美国主导建立了以美元和黄金为基础的布雷顿森林体系，促进了战后西方各国的经济复苏，确立了美国在全球经济的霸权地位。

但是，因美元危机与美国经济危机的频繁爆发，以及制度本身不可解脱的矛盾性，布雷顿森林体系于1973年宣告结束。

风云变幻，物是人非。今天的黄金还具备那种所向无敌的魔力吗？如何面对黄金所内含的契约精神？到底谁来制约世界货币的发行权力呢？围绕黄金的一幕幕激烈论战，向人们展示着从来也不曾间断的权利与义务的辩争，强权与公正的对抗。

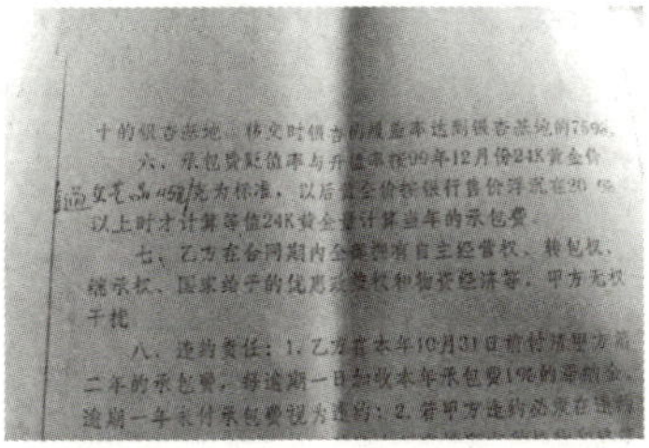
四川农民签署的以黄金价格为标的的土地合同

在距离四川省成都市70多公里有一个不为常人所知的地方，名叫茶坪村。

1999年5月，55岁的村民刘明福决定承包100亩山地，承包期为50年。

签约土地承包合同在农村并不新鲜，但是刘明福这次与茶坪村的签约，在内容上和以往大有不同：经过协商，双方一致同意，作为合同支付价格的参照物不是以往惯用的大米，而是黄金。

刘明福　四川省成都市茶坪村村民

当初我们签订协议，每年交700元租金，承包50年交35000元。随后我们看到当时24K黄金卖115元，就确定黄金的价格是115元一克，700元的人民币折合6克多黄金。

黄进　四川社会科学院研究员

作为一个农民，他能够想到用黄金来估计物价的波动，这是一种最朴实的对黄金的感情和感觉。他们认为黄金最值钱，而且黄金最稳定。

刘明福　四川省成都市茶坪村村民

用黄金签这个合同是最公正、最有效的。到今天，这个合同已经签了十多年了，再回头看，我认为当初这件事情做得很好。

胡守钧　复旦大学社会学系教授

人们对一般的货币不放心，然后怎么办？那就用最过硬的通货。黄金还是比较可靠的。

一个最不可能与黄金产生关系的山区农民，却选择了用黄金的概念来保证他交易的公平与安全，这样的故事令人感慨。其实在我们生活的世界里，无论是谁，无论贫富，当交易产生的时候，如何保障公平与安全，这个看似简单的问题，却一直困扰着每一个人。从公元前600多年的吕地亚王国开始用黄金作为货币，到18世纪英国把英镑与黄金挂钩，确立了金本位的货币制度，再到今天世界各国普遍采用的信用货币体系，近三千年的时间里，人们孜孜以求地寻找最佳的货币媒介，并进行了各种探索与尝试，希望能够捍卫公平与安全，然而直到今天，人们心中的理想答案仍然没有找到。

距今二百年以前，生活在英国伦敦的市民发现，粮食的价格一直在悄悄上涨，从1789年到1810年的二十一年间，一公斤粮食的价格从56先令上涨到了106先令，几乎比过去翻了一番。更令人恐慌的是，与粮食价格一同上涨的还有黄金的价格。而在此之前的九十多年间，黄金价格在英国从未有过波动。那么究竟是什么原因造成了金价与粮食价格的同时上涨呢？

查尔斯·古德哈特（Charles Goodhart）　伦敦政治经济学院经济学教授

1805年，法国军队要侵入威尔士，英国人害怕政府可能会倒台。因而在那个时期，人们宁可持有黄金或白银，而不是英格兰银行的货币或者政府发行的债券。

大卫·瓦因斯（David Vines）　英国牛津大学经济系教授

因为拿破仑战争，英国需要金钱来支付军队花销。税收的不足加上高额的战争支出，使得政府加大力度生产货币。

1797年2月，大面积的银行挤兑发生了，三个月后，英国政府不得不实行“银行限制法”，宣布英格兰银行终止英镑兑换黄金业务。这也就意

滑铁卢战役

味着，面对危机，刚刚初具雏形、象征着信用与契约精神的“金本位”制度理念，被英国政府深思熟虑之后决然地抛弃了。

约翰·罗斯（John Ross） 上海交通大学经济与管理学院访问教授

恐怕历史上所有的政府在发动战争之后，都有办法让人民为其买单。政府会推行通货膨胀，将人民手中的货币贬值，以此获得财富。

季卫东 上海交通大学法学院院长

我们知道统治者在面临着迫在眉睫的困境的时候，很可能会采取一种比较便捷的方式来解决问题。但这种做法对整个国家的实体经济的伤害是非常严重的，可能会带来灾难性的后果。

钱弘道 浙江大学法学院教授

国家不能滥用货币发行权，因为滥用货币发行权很可能损害到老百姓的利益。你发行的货币过多，老百姓的利益被剥夺得就越多。这种权力不受到限制的话，最后殃及的是老百姓。

面对政府对契约精神的肆意践踏，面对英镑不可避免的贬值，面对广大民众手中的财富被大幅度变相掠夺，一位33岁的英

英格兰银行发行的金币，下图为金币设计时场景

国人站了出来，向导致这次危机的政府和不公平的社会发出了勇敢的挑战。他谴责政府背弃信用制度，他批评公众对于纸币贬值之后引发的灾难性后果没有深刻的认识，这个人就是英国古典政治经济学的重要代表人物——大卫·李嘉图。

大卫·李嘉图是伦敦交易所一个犹太经纪人的儿子，21岁的时候，为了深爱的女人，他与富裕和有非凡威望的家族决裂，不顾宗教的束缚，与异教徒的女子结婚。当李嘉图被赶出家门的时候，身上只有800英镑，但是到25岁的时候，他已经通过投资成为一位百万富翁，拥有的财产达到了200万英镑。对于英镑贬值的危害，李嘉图有着切身感受。

1809年8月29日，大卫·李嘉图在《英国晨报》上发表了一篇题为《论黄金价格》的文章，文章一经发表就引起了英国社会轩然大波，掀起了英国经济史上著名的“金价论战”。在这篇文章中，李嘉图写道：我们通货的所有祸害都是由于银行纸币发行过多。

潘英丽　上海交通大学管理学院教授

通货膨胀、滥发货币无异于最大规模的偷盗，就是从老百姓兜里偷钱。

姚景源　原国家统计局总经济师

由于滥发货币而造成的通货膨胀，是政府对民众财富的一种剥夺，对社会财富的一种剥夺。

梁小民　北京工商大学教授

从政府的角度说，它有滥发的积极性，有滥发的动力，为什么？我现在当权，我发了以后就可以办很多好事，就可以给社会留个好名声。至于以后怎么办？那就像路易十四说的：我死之后，哪管你洪水滔

大卫·李嘉图（1772—1823）

英国资产阶级古典政治经济学的主要代表之一，也是英国资产阶级古典政治经济学的完成者。早期是交易所的证券经纪人，后受《国民财富的性质和原因的研究》一书的影响，激发了他对经济学研究的兴趣。其研究的领域主要包括货币和价格，对税收问题也有一定的研究。李嘉图的主要经济学代表作是1817年完成的《政治经济学及赋税原理》，书中阐述了他的税收理论，1819年他曾被选为下院议员，极力主张议会改革，鼓吹自由贸易。李嘉图继承并发展了斯密的自由主义经济理论。他认为限制国家的活动范围、减轻税收负担是增长经济的最好办法。

THE PRICE OF GOLD.

The present high market price above the mint price of gold, appears to have engrossed a great portion of the attention of the public; but they do not seem to be sufficiently impressed with the importance of the subject, nor of the disastrous consequences which may attend the further depreciation of paper. I am anxious, whilst there is yet time, that we should retrace our steps and restore the currency to that healthful state which so long existed in this country, and the departure from which is pregnant with present evil and future ruin.

The mint price of gold is 3l. 17s. 10½d. and the market price has been gradually increasing, and was within these two or three weeks as high as 4l. 13s. per ounce, not much less than 20 per cent. advance.

It is remarkable that between the years 1777 and 1797 the average price of gold was not higher than 3l. 17s. 7d. During that period, our currency was one of acknowledged purity. It is only since 1797, since the year that the Bank has been restricted from paying its notes in specie, that gold has risen to 4l., 4l. 10s., and latterly to 4l. 13s. per ounce. Whilst the Bank pays its notes in specie, there can never be any great difference between the mint and market-prices of gold: It is well known that, detection being difficult, notwithstanding the most severe, and, perhaps, absurd laws, when it becomes greatly the interest of individuals from a high market price of gold, the coin will be melted and sold as bullion, or exported, as it best suits the views of those who engage in such traffic. If, then, whilst the Bank paid in specie gold rose to 4l. or more per ounce, these dealers would exchange their notes at the Bank, obtaining an ounce of gold for every 3l. 17s. 10½d. in bank notes. This gold would be melted and sold, or exported for 4l. or more in bank-notes per ounce; and as this operation might be repeated daily, or indeed hourly, it would be continued till the Bank had withdrawn the superfluous quantity of their notes from circulation, and had thereby brought the market and mint prices of gold to a level. This is the only check which can exist to an over issue from the Bank, and was so well known that the Bank never ventured on it with impunity.

No efforts of the Bank could keep more than a certain quantity of notes in circulation, and if that quantity was exceeded, its effects on the price of gold always brought the excess back to the Bank for specie. Under such regulations the market price of gold could never rise much above the mint price, for who would give 4l. or more, in bank-notes, for an ounce of gold, when he might obtain the same at the Bank for 3l. 17s. 10½d. It would be the same thing as offering an ounce of gold and 2s. 1½d. for an ounce of gold.—When we talk of a high price of gold, it can have no meaning, if estimated in gold, or in notes which are immediately exchangeable for gold. It may be high, estimated in silver, or in goods of all kinds, and it is only when gold is high compared with goods, or in other words that goods are cheap, that any temptation is offered for its importation. When it is said that we may obtain 1l. 5s. for a guinea by sending it to Hamburg, what is meant but that we may get for it a bill on London for 1l. 5s. in bank-notes? Could this be the case if the bank paid in specie? Would any one be so blind to his interest as to offer me one guinea in specie and four shillings, for a guinea, when he might obtain the same at Hamburgh at par, paying only the expences of freight, &c.? It is only because he cannot get a guinea at the Bank for notes, that he consents to pay it with notes at the best price he can, or in other words he sells 1l. 5s. of his bank-notes for a guinea in specie.

When the Act restricting the Bank from paying in specie took place, all checks to the over issue of notes were removed, excepting that which the Bank voluntarily placed on itself, knowing that if they were not guided by moderation, the effects which would follow would be so notoriously imputable to their monopoly, that the Legislature would be obliged to repeal the Re- to encounter the risk, particularly as the law is very severe against melting the coin or exporting it. But that it is practised secretly there can be no doubt, as the profit attending it is enormous, and the number of guineas in circulation, considering that nearly 60 millions have been coined in the present reign, is diminished to a very small amount.

It is sufficient for my argument if I prove that it is a trade which can advantageously be carried on—that if tradesmen could openly and readily sell guineas for twenty-three shillings each, or more in Bank notes, they could afford to sell their goods cheaper for gold than for Bank notes;—and it is sufficiently evident that buying guineas at twenty-three shillings is between 9 and 10 per cent. premium, and selling gold at 4l. 13s. or nearly 20 per cent. premium, is a trade much more advantageous than many carried on in the city of London.

If further proofs of the depreciation of Bank notes were wanting, and that it was caused by an over-issue, it would be found in the present rate of exchange with foreign countries. To make this apparent may require us to consider what is meant by the rate of exchange, and the rules and limits to which it is subject.

If I purchase from a resident in Holland goods of that country, the bargain is made in the money there current. I have consequently contracted to pay him a certain number of ounces of silver of a given purity. As the comparative value of silver and gold is nearly equal all over the world, my debt may be either estimated in silver or in the number of ounces of gold for which it would exchange. And if a merchant in Holland has purchased from a resident in London goods which are valued in English money, he has contracted to pay a certain number of ounces of gold of known purity or fineness.

To save the expence of the freight and insurance attending the exporting and importing of a quantity of gold to liquidate these debts, it suits the convenience of both the parties, after agreeing how much money of the one country is equivalent, considering its weight, purity, &c. to that of the other, and which is called the par of exchange, to make a transfer by means of a bill, which is done by my paying to the English merchant the sum which I am indebted to my Correspondent in Holland, the English merchant ordering his Correspondent in Holland to pay to mine the same amount, estimated at the rate of exchange agreed on, in Dutch money. The advantage to both parties is saving freight and insurance. Now if two or more parties had been indebted to merchants in Holland, there would have been a competition between them for the purchase of this bill, and the seller would no longer have been satisfied with saving the freight and insurance on the importation of his gold, but would have exported, and would have obtained a premium for his bill, which it would have been the interest of either of the other parties to have given him, provided such premium did not exceed the expence of the transport of the metals. It is necessarily kept within that limit, for either would say, "the number of ounces of gold which I owe in Holland are ready to pay my debt. I am willing to give them to you to pay it for me, and to add to it the expences which would attend the sending it; but nothing can induce me to give more, as if you do not accept my offer, I shall suffer no further disadvantage by sending the gold!"—This is therefore the natural limit to the fall of the exchange, it can never fall more below par than these expences; nor can it ever rise more above par than the same amount.

But since the restriction on the Bank paying in specie, the fall of the exchange has kept pace with the rise in gold, and is now considerably lower than the limits which I have pointed out, and which may be accounted for in the following manner:—

A merchant can no longer say, that he is possessed of a sufficient number of ounces of gold to send abroad to pay his debt; he may say, indeed, that he has a sufficient number of bank notes, which if he could sell at par, or exchange at the Bank for what they profess to change with foreign countries would be confined within the limits above mentioned.

It would then be evident that all the evils in our currency were owing to the over-issues of the Bank; to the dangerous power with which it was entrusted of diminishing at its will, the value of every monied man's property, and by enhancing the price of provisions, and every necessary of life, injuring the public annuitant, and all those persons whose incomes were fixed, and who were consequently not enabled to shift any part of the burden from their own shoulders.

"OH! WOMAN!"—MARMION.

A Poet who stiled himself—Friend to the Fair,
Vow'd to carol their praises should still be his care.
"If some have been false," he said, "more have been true,
And my lays shall record them in strains ever new:—
PENELOPE chaste, and ALCESTE the brave,
Who sunk, for her husband, content in the grave;
LUCRETIA and PORTIA"——He paused. A friend near
Cried, "Wherefore so quickly conclude your career;
While of women such thousands have lived and have died,
Are these all the honours the Muse can provide?"
Said the Poet, "Of good ones I have quoted you four,
Another four thousand years may FURNISH FOUR MORE."

SHIP NEWS.

HARWICH, AUG 27.—Yesterday afternoon arrived from Heligoland, after a passage of nine days, the Leopard revenue cutter, having under convoy a sloop laden with the military stores and baggage of his Serene Highness the Duke of Brunswick Oels. This morning sailed the Lady Nepean packet, Captain ——, for Gottenburgh, and the Beaufoy packet, Capt. Norris, for Heligoland, with Mails of the 25th instant. Seven ships of the line bound to the Westward, with the prisoners taken at Flushing, came to anchor off the Galloper yesterday evening. One of their tenders (cutter) came in here this morning for water, and has sailed again to join them. Two transports arrived from Leith with the Berwick Militia, who landed this morning, and immediately marched for the Barracks at Wheeley. A packet with the Mail for Flushing will be dispatched to-morrow.

DEAL, AUG. 26.—The Eagle, 74, Captain Rowley, is arrived in the Downs from Campveer, on Wednesday, with about 140 wounded of the army; the whole have been landed and sent into the temporarily appropriated hospital, at the North Barracks. The Ruby brig, it is said is arrived with about 40 more wounded.—Two transports are expected daily, but the whole expected at present will not exceed 200. About eight wounded officers have been landed; among them are Col. Pettit of the 35th regiment, in the hand, and Major Thompson of the 98th, in the arm—and are also gone into Barracks.

In consequence of several vessels having been captured last week off Beachy Head, by French privateers, some of them part of the fleet from Oporto, under convoy of the Tyrian sloop, representations were made to the Lords of the Admiralty by the Committee for managing the affairs at Lloyd's. In reply, it is stated, that

"Their Lordships are concerned that so many captures have recently happened in the neighbourhood of Beachy Head, occasioned principally by the cruizers having been driven by the late strong westerly gales to take shelter under Dungeness; and from the Captain of the Tyrian having imprudently suffered the Convoy from Oporto to pass up Channel without protection, for which their Lordships have conveyed to him their high displeasure. A frigate, three sloops, and a cutter, are now cruizing in the vicinity of Beachy Head for the protection of the trade."

THE ARMY.—A General Court Martial was lately held at Plymouth Dock, on private Simon Pack, of the Dorset Regiment of Militia, for having deserted from the regiment. The Court found him guilty, and adjudged him to serve abroad for life, in such corps as his Majesty might be pleased to direct; which sentence his Majesty has been pleased to confirm; and has ordered the prisoner to be transferred to the Royal African Corps. A General Court Martial has also been held at Belfast, on David Thompson, a private of the 2d Battalion of the 72d Regiment of Foot, for deserting from the battalion, aggravated by having deserted on a former occasion, and for persuading James Moodie, a boy in the same battalion, to desert with him. The Court adjudged him to be transported for life as a felon; which sentence his Majesty has likewise been pleased to confirm.

ROWING MATCH.—Yesterday a silver cup and cover, the gift of Mr. Cliffe, of the Waterman's Arms, Standgate, was rowed for by five four-oared pleasure-boats, the property of private gentlemen (amateurs). The boats that started were, the Venus, the Hero, the Mars, the Cleopatra, and the Fox. They started at a little after two o'clock from Westminster-bridge, up to Cumberland-gardens, near Vauxhall, and returning rowed round the beacon opposite Hungerford; and then up to Westminster-bridge. The Fox won the first heat, the Cleopatra the second, and the Hero the third. These three consequently contested the fourth heat together; and at the termination, between eight and nine at night, the Fox was foremost by about two boats' lengths; and was consequently declared the victor, and her owners were presented with the silver cup. The evening was extremely favourable, and a

POLICE.

BOW-STREET.—Yesterday, a person employed in the Inland Department of the Post Office, was brought up for re-examination before Mr. READ, charged with having committed robberies in that department to a great extent. A woman, with whom the Prisoner cohabited, and who had been extremely active in passing several Bank post-bills, part of the property stolen by the Prisoner, was brought in custody with him, by Pearkes the Officer, from Dover, and fully committed for trial.

On Saturday a charge of a curious nature came before the same Magistrate:—The wife of a farmer of Hampshire, about 50 years of age, had thought proper to leave her home, where she had lived respected for many years, with a young man, about 23 years of age; and not without the precaution of taking all the ready cash in the house, amounting to about 40l. The farmer discovered the elopement, and immediately went in pursuit of the fugitives. He arrived at the Golden Cross, Charing Cross, where he found them in the act of alighting from the stage-coach, and immediately gave them in custody of the watchmen. The story being unfolded to the Magistrate by the husband, with the natural feelings of a man so circumstanced, he recommended him to take from the wife what property she had in her possession, which amounted to about 15l. which he did. The gallant being next questioned as to what property he had in his possession, he said about 14l.; but upon examination of a bundle of notes he took from his pocket, it amounted to 20l. which left no doubt to presume it was the property of the husband. After some interrogation, the lover very candidly confessed it had been given to him by the wife, and felt extremely well satisfied in restoring the 20l. to the proper owner.

MARLBOROUGH-STREET.—It was stated yesterday, that a Lady of Fashion was in custody on a charge of forgery. This lady is Mrs. P——, the wife of Major P——, and the daughter of General O——. Mrs. P. was privately examined, yesterday, before Mr. Neve, at the suit of John King, a Jew money-lender. She was charged with having forged and uttered, as true, an acceptance on a bill of exchange for 78l. 10s. purporting to have been drawn by herself and accepted by John King, and made payable 14 days after date. It appeared that some bill transactions had originally taken place between the parties. The Prosecutor stated that the bill was presented to him when due, and he detected the forgery. He saw the Prisoner on the subject, and she begged for her life. Mrs. P. was held to bail to appear again on Saturday next.

Saturday a Council for the Duchy of Cornwall was held at Carleton House, for the purpose of swearing in the Earl of St. Vincent a Member thereof.

Sir Hugh Owen, who died lately at his seat, at Orielton, in Pembrokeshire, has left his great estates, in that county and Anglesea, of the value of 10,000l. a year, quite free and unincumbered, together with other effects to the amount of 80,000l. to his cousin, Mr. Lord, a young barrister. Besides this Sir Hugh has bequeathed his Carmarthenshire estate, worth 2000l. a year, exclusive of the collieries, to his uncle, Mr. Colby; 80,000l. to his mother; and 20,000l. to Mrs. Lord, being the savings of a long minority.

The York August Meeting was numerously and fashionably attended during the last week. Many of the races were contested in a very superior stile. The Theatre and Assembly Rooms were much crowded. At the former, Emery performed every evening, and was received with great applause.

Yesterday afternoon as a drove of bullocks were going along Wood-street, Cheapside, one of them walked quietly into the French Horn Public-house, and into the back parlour, where a party were at dinner, who were not a little alarmed. The drover, however, followed the animal in, and drove it out quietly without its doing any mischief.

The affairs of America, at the present time, excite in this country more than usual interest, and are become the topic of general conversation; notwithstanding which, from the scantiness of information upon the subject, the peculiar mode of the Government of the United States, and particularly of the individual States which compose that Union, is very imperfectly known. We are happy, however, to observe, that this deficiency may be amply supplied by a perusal of the Publication advertised in the 2d column of the 2d page of this day's Paper, to which we invite the attention of our Readers.

The New Public Library, in Cornhill, has lately been enlarged by annexing to it the house that communicates with Lombard-street, and an addition of many thousand volumes in the different branches of literature, has recently been made, by which the accommodation of the public is materially increased.

CORN-EXCHANGE, AUG. 28.

《论黄金价格》

天。

李嘉图认为，纸币的发行权无论是掌握在政府手里还是在银行手里，都具有被滥用的风险。所以在所有国家中，纸币发行都应当受到某种限制和管束。李嘉图的这一观点在当时的英国社会反响强烈，支持与反对、赞成与否定的不同立场针锋相对，唇枪舌剑。金属派是以李嘉图为首的，另一派以英格兰银行为代表。

邸晓燕　中国科学技术发展战略研究院博士

李嘉图不赞成发行这么多过量的银行券。

管清友　中海油能源研究院高级研究员

英格兰银行派认为票面价值和实际价值可以不一致，票面价值可以大于实际价值。

杨瑞龙　中国人民大学经济学院院长

所以李嘉图忠告说，你这样做是不行的，你的货币发行要有一种保证金的制度，保持一种信用体系的完整。

这场争论不休的“金价论战”最终引起了英国议会的高度重视，他们为此成立了专门的黄金委员会，就此事进行调查。从1810年2月到5月的一百多天内，黄金委员会针对金价的上涨共举行了31次听证会。三个月后，处理意见报告正式对外公布，其中最为引人关注的条例是，在英国这个国家，黄金被再一次确认是所有价值交换的度量标准，是所有货币价格的参考尺度。

代表公众利益最高准则的李嘉图赢得了最终的胜利。1821年，英国政府正式恢复了国家实行英镑兑换黄金的义务。确定每一张英镑包含定量的黄金，同时，用这张纸币有权力随时兑换黄金。这就意味着被称为“金本位”的货币制度正式以法律形式在英国得以确立。自此之后，英镑因为与黄金挂钩，逐步建立起被世界各国所认同的货币信用，英镑也就此成为了世界货币，骄傲地独步全球长达一百年之久。

尼古拉斯·克拉夫兹（Nicholas Crafts）　英国华威大学经济系教授

金本位思想是指纸币能以一定比率根据需求兑换黄金。相对地，其他货币也

英国议会大厦

可以按照固定比率兑换黄金。关键就是与黄金的可兑换性，即黄金支撑纸币。我认为，这是金本位的本质。

史蒂夫·福布斯（Steve Forbes）　《福布斯》杂志总编辑

英国之所以发展如此之快，是因为人们信任英镑、用英镑投资，并且相信会收获高于投资的回报，英镑价值不会改变。

陈雨露　中国人民大学校长，央行货币政策委员会委员

货币制度在一个国家发展过程中起着至关重要的作用。在一个国家初始发展阶段，它有重要的保障作用。在整个经济的工业化过程中，或者国际贸易过程中，国家建立一个稳定的货币制度，发挥保障作用，这是非常重要的。

自大卫·李嘉图推动“金价论战”开始，由政府滥发滥印纸币带来的危害与风险，引起经济学界的高度警觉。1911年，著名经济学家、耶鲁大学教授欧文·费雪写道：不可兑换的纸币几乎总是成为使用它的那个国家的一个祸根。而诺贝尔经济学奖得主弗里德曼在《货币的祸害》一书中指出：货币是不能拿来开玩笑的，不能仅仅交给中央银行家。

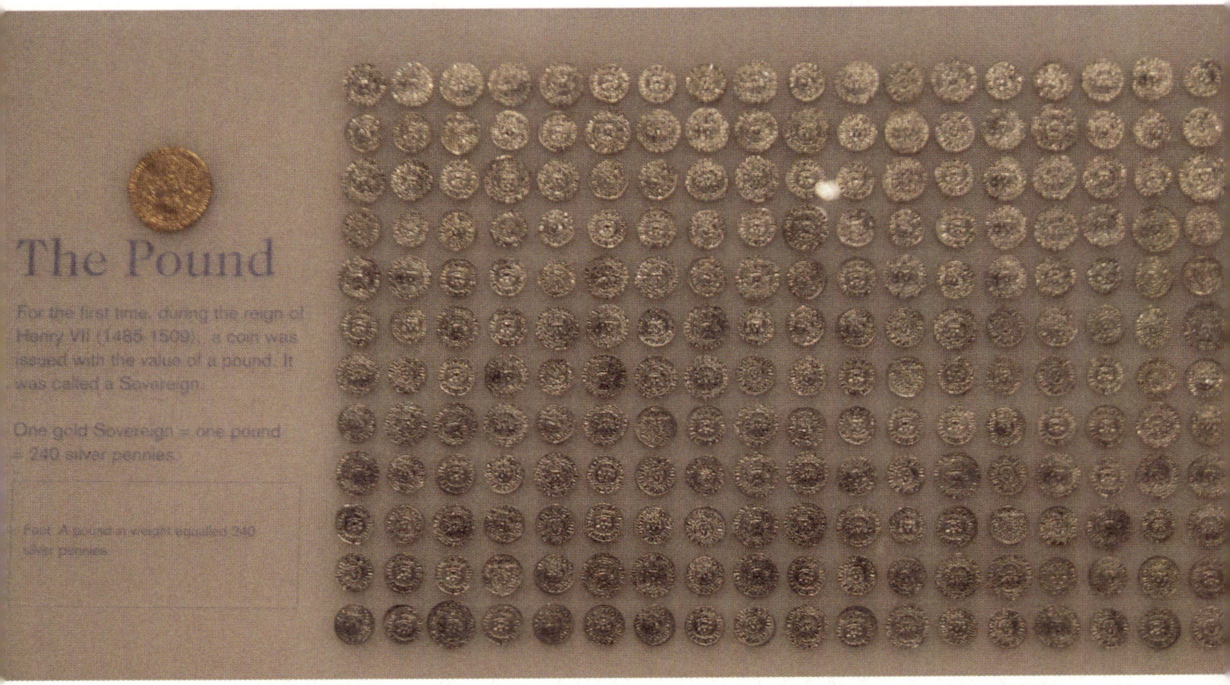

1英镑

米尔顿·弗里德曼（1912—2006）
《货币的祸害》

今天，当我们站在新的历史起点，回望由大卫·李嘉图引发的那次“金价论战”，不难发现，二百年前曾经让李嘉图忧虑的货币贬值问题今天依然困扰着人类。货币的发行涉及千家万户的利益，人们有理由发问，如果一个国家的政府滥用货币发行权，该怎么办？

张军　复旦大学经济学院副院长

一旦政府垄断了这个权力以后，就很可能滥用这个权力。那么有什么办法、什么机制能够制约政府，让它少用这个权力？目前来看没有更好的办法。

张礼卿　中央财经大学金融学院院长

有什么其他的办法？我说只能靠政府自律，政府要自我约束。

夏斌　国务院发展研究中心金融研究所名誉所长

政府要维护这个国家的公民的生活保障、社会稳定。

戴相龙　全国社保基金理事会理事长，原中国人民银行行长

货币发行怎么稳定呢？就是要和经济，尤其是实体经济的总量紧密联系，和实体经济的增长效益要紧密联系。

纸币给人类带来了巨大的方便，但同时也埋下了难以预测的隐患，也许只有当人类社会面对危机与灾难的时候，种种不同的学术理论和假设才有可能被选择而成为现实的救世良方与施政纲领。而这样的选择本身就带有风险，并可能继续成为人们再次争论的焦点。

19世纪末的美国，经济衰退的浪潮再次袭来，数以千计的银行和企业相继倒闭，数百万人失去了工作，外国投资者纷纷撤回他们在美国的资金。在这样的大萧条中，选用怎样的货币制度才能复苏经济，货币应当由黄金和白银共同支持还是单独由黄金支持，在当时的美国人中存在着很大分歧。这也立刻成为了当时整个美国社会最为热门的话题，面对即将到来的1896年美国总统大选，谁能给出满意的答案，谁就有可能赢得主动。

乔治·马格努斯（George Magnus）　瑞士联合银行集团高级顾问

金本位被银行家、铁路运营商、铁矿石拥有者等来自美国的东海岸地区的特权阶层所推崇。

史蒂夫·福布斯（Steve Forbes）　《福布斯》杂志总编辑

民主党候选人威廉·杰尼斯·布莱恩认为美元贬值有利于美国农民，因此，他希望推行通货膨胀，计划用储量更多的白银代替黄金。

陈雨露　中国人民大学校长，央行货币政策委员会委员

是选择物价的稳定，争取长远的可持续发展，还是选择通货膨胀，整个经济一种虚假的繁荣？

黄仁伟　上海社会科学院副院长

这实际上是美国两股政治经济力量斗争过程中的一次大摊牌。

支持由白银为货币基础的代表人物是美国民主党总统候选人：布莱恩，在

1896年7月9日，布莱恩进行了名为“金十字架”的著名演说，在演讲中他说：我们的背后有这个国家和全世界的产业工人，我们有商业利益、工人利益以及所有劳苦大众的支持，我们用这样的话来答复某些人对金本位的要求：你们不要把这顶荆棘编成的王冠强加在劳动者的头上，你们不要把人类钉死在十字架上。

布莱恩的竞争对手是美国共和党总统候选人威廉·麦金利，他是金本位的坚定支持者。在竞选中，他向选民提出了一个看似简单却饱含深意的问题：如果今天白银可以成为货币的支持物，那么明天，你手中的美元又会是什么?

麦金利坚定地说，神圣的货币绝不能成为赌局，每一个美元都应该和黄金一样神圣。

在大萧条的阴影笼罩下，谁能让国民摆脱阴影的笼罩，建立起对于安全与稳定的信念与信心，他们就会用自己手中的选票支持谁。这时的选票不仅可以决定总统的人选，同时也决定了这个国家和自己的命运。最终威廉·麦金利当选美国第二十五任总统。美国人选择了黄金，白银则自此退出了美国的货币舞台。

威廉·麦金利（1843—1901）

美国第25任总统。18岁从军，退伍后先后当过律师、县检察官、众议员和州长。1897年当选为总统。执政后采取提高关税和稳定货币的政策，加上其他措施，美国经济有了很大起色，从而获得“繁荣总统”的美名。对外发动美西战争，击败西班牙海军力量，夺取了原属西班牙的古巴、菲律宾等地。他怂恿列强对中国实行“门户开放”政策，派兵参加了“八国联军”。1900年连任总统，但在次年9月6日参观泛美博览会时被一名无政府主义者射伤。身中两枪的他还不忘高喊保护刺客：“别让人伤害了他！”八天后去世，是美国立国后被刺身亡的第三位总统。

菲利普·斯瓦格（Phillip Swagel） 美国马里兰大学经济学教授

在此之前，美国的货币制度是金银双本位，黄金和白银都可在美国作为货币流通。这就意味着经济存在波动性的可能。如果黄金储量大，那么金价就下跌；如果白银储量大，银价就下跌。同时也意味着，美国的金融稳定性摇摆不定。麦金利总统所做的事情就是让美国重回稳定的单一黄金本位。

陈雨露 中国人民大学校长，央行货币政策委员

第一个美国联邦储备银行分行历史照片

美联储大楼

会委员

美国选民最后的选择对美国的发展起了很大的作用。对于美国在若干年后成为世界第一强国，那一次的选择奠定了一个非常重要的基础。

通过选票的方式，美国赋予了黄金一种国家权力，确立了黄金和美元的关系。这就为美国实行金本位货币制度奠定了基础，也为美元在今后的世界货币体系中占有领导地位奠定了基础。

在总统麦金利的任期内，美国于1900年3月14日颁布了《货币法案》，以法律形式确立了美国的金本位制度。即1盎司黄金的价格被固定在20.6美元，这就意味着，从此在每一张美元的纸币中都含有固定重量黄金的坚实支撑。

1914年11月16日，美利坚合众国联邦储备银行正式成立。

阿尔弗雷德·梅特勒（Alfred Mettler）　美国乔治亚州立大学金融学教授

美联储是中央银行，它的作用是控制货币供给，因此控制国家的微观经济形势。

向松祚　中国人民大学国际货币研究所副理事长

美联储的成立是美国经济发展的必然。当时美国需要有一个全国统一的货币，全国统一的货币政策，一个统一的货币管理。而且它一成立，就是当时世界上最强大的

美国联邦储备委员会1917年开会照片

中央银行。

美联储成立的时候，第一次世界大战的战火正在欧洲迅速蔓延。美国政府适时地宣布实施“中立”的对外政策，这不仅让美国最大限度地减少了世界大战带给国内的影响，同时巨额的军火生产订单也让美国经济始终保持强劲的增速，国际收入也大幅增加。到第一次世界大战结束后，美国一跃成为世界最大的债权国，就连战前最富有的英国也欠下了美国高达44亿美元的债务。

随着第一次世界大战硝烟的逐渐散去，欧洲列强都在着手恢复被战争摧毁了的国内经济秩序。而此时，最能代表安全与稳定的金本位货币制度，又被各国重新提起。

1925年，英国和法国相继恢复金本位制度，仅仅四年之后，1929年经济大萧条席卷全球，英国、法国甚至美国都先后被迫放弃金本位制度并严令禁止黄金

美利坚合众国联邦储备银行

简称美联储，是世界上最具实力的银行，世界上美元和黄金最多的地方。位于自由大道33号。实际上包括十二家银行及其分布在全美各地的二十五家地区分行。尽管它最初设立的目的是为了稳定和保护美国的银行系统，但其目前的主要职责却是控制通货膨胀。

第一次世界大战

第二次世界大战

出口。至此，国际上再没有任何一种货币与黄金产生直接联系。

尼古拉斯·克拉夫兹（Nicholas Crafts） 英国华威大学经济系教授

20世纪30年代的情形十分混乱。国家间互相竞争，以货币来提高市场份额，希望用更低价值的货币给本国带来竞争优势。混乱的货成为一个严重的问题。

王松奇 中国社会科学院金融研究中心副主任

第一次世界大战之后的情况是最混乱的，世界经济贸易投资、生产流通等各个方面都是最混乱的。

王勇 北京大学国际政治经济研究中心主任

各国相互不信任，缺乏对日益全球化的世界经济进行共同管理的意愿。

潘英丽 上海交通大学管理学院教授

大家就是贸易摩擦，然后就是货币大幅度竞争性的贬值，就是打货币战了。

当人类兵戎相见，敌对仇视，那么以相互信任为基础，以契约精神为核心的金本位制度是无论如何也建立不起来的。而此后的局势变迁也就再次印证了这一点。1939年，第二次世界大战爆发，与第一次世界大战相似，此时国力更为强大的美国已经成为全球最大的战略物资生产基地，同时，在世人的眼中这里又是财富最为安全的避风港。自然而然在这一时期，世界上大量的黄金又被源源不断地运到这里。到第二次世界大战结束时，美国所拥有的黄金总量，已经占到了世界黄金储备总量的75%以上。

1944年7月1日，来自世界上44个国家的代表齐聚美国的新罕布什尔州一个叫做布雷顿森林的地方，他们此行的目的是为了创建一种新的全球合作的货币体系。而此时的美国由于黄金储备的雄厚，理所当然的主导了布雷顿森林体系的建立。

张礼卿 中央财经大学金融学院院长

布雷顿森林体系存在着两个挂钩，一个是美元和黄金挂钩，还有一个是其他各个国家的货币和美元挂钩。

大卫·瓦因斯（David Vines） 英国牛津大学经济系教授

这其实是一个美元与黄金挂钩的制度。美元与黄金之间采取固定汇率，这个数字也是史无前例的，35美元一盎司黄金。

黄泽民 华东师范大学国际金融研究所所长

美国财大气粗，黄金多，所以美国人就可以拍胸脯说，你们都用我美元，然后我可以让你们来兑换黄金。

沈骥如 中国社科院世界经济与政治研究所研究员

你到任何一家美国银行，你说："我有35美元，我想要黄金。"他立刻就会给你一盎司黄金。

尹伯成 复旦大学经济学院教授

全世界都用美元作为计价的单位和最后支付的单位了。

魏本华 原国家外汇管理局副局长

可见，美金已经可以说是根深蒂固地进入了其他国家的金融系统。

伴随着战后各国经济的复苏，美国开始从国外大量进口商品，导致美国国内黄金不断外流。同时由于冷战以及朝鲜和越南战争等因素，美国的军费开销激增，背负了越来越多的国际债务，美元也因此开始大幅贬值。尽管美国政府采取了众多补救措施，力图维护在布雷顿

布雷顿森林体系

指第二次世界大战后以美元为中心的国际货币体系。关税总协定作为1944年布雷顿森林会议的补充，连同布雷顿森林会议通过的各项协定，统称为“布雷顿森林体系”，即以外汇自由化、资本自由化和贸易自由化为主要内容的多边经济制度，构成资本主义集团的核心内容，是按照美国制定的原则，实现美国经济霸权的体制。布雷顿森林体系的建立，促进了战后资本主义世界经济的恢复和发展。因美元危机与美国经济危机的频繁爆发，以及制度本身不可解脱的矛盾性，该体系于1973年宣告结束。

森林体系中对世界各国的承诺，即一盎司黄金兑换35美元的义务，但还是无力回天。1971年，美国总统尼克松迫于国内通货膨胀的压力，向世界宣布美元正式与黄金脱钩。

蒂莫西·格林（Timothy Green） 黄金历史学家，《黄金时代》作者

他们低估了第二次世界大战后世界迅速变化带来的压力，也没能预料到一些欧洲国家，特别是德国和法国迅速崛起，并开始购买黄金。这些因素的存在，使得一个人为固定的黄金价格变得不切实际。

向松祚 中国人民大学国际货币研究所副理事长

人类的货币体系为什么会堕落到今天这个地步？是因为全球流动性大幅度增长，黄金满足不了它。黄金要满足这个流动性，只有一个办法，就是大幅度提高黄金的价格。但是大幅度提高黄金的价格也不现实。所以1971年金本位制彻底崩溃，这是人类经济发展的必然规律。

距今二百年前，那个名叫大卫·李嘉图的英国人对于背弃承诺、滥发纸币的发问至今依然响亮，到底谁来制约世界货币的发行权力呢？是靠黄金，还是靠人类的道德自律？

为了建立一种更加合理的货币制度，人们绞尽脑汁，你来我往的探索和尝试着，但是所有的货币体系和制度又无一例外地遭遇到重大危机。世界的货币之路，到底应该朝着哪个方向走下去呢？

凯瑟琳·申克（Catherine schenk） 英国格拉斯哥大学国际经济史教授

如果大家完全将货币与黄金挂钩，那么经济增长的速度就局限于黄金的开采速度与世界供给量，所以从这个角度讲，金本位制会抑制经济发展。

史蒂夫·福布斯（Steve Forbes） 《福布斯》杂志总编辑

我认为我们会回归到金本位的，因为在取缔金本位之后，我们的尝试都是失败的。已经有研究表明，在金本位体制下，金融危机的次数会减少，银行危机也会减少，经济会较少出现急剧下滑现象。所以说，历史是最好的老师。

埃瑞克·马斯金（Eric Maskin） 美国普林斯顿大学教授，2007年诺贝尔经济学奖得主

我同意，千百年来黄金都在经济事务中起到极为重要的作用，但过去80年的经历告诉我们，没有金本位我们也照样过得不错，只要政府是负责任的。

迈尔斯·泰勒（Miles Taylor） 伦敦大学历史院院长

我们仍然面临着经济危机，也会有经济繁荣期、经济泡沫，但是只有人，而非金属，才是最好的保障。

戴相龙 全国社保基金理事会理事长，原中国人民银行行长

寻找一个物质的东西、财富的东西跟货币供应量挂钩，就像过去用黄金来为发行的货币进行计价，现在我的看法已经不是这个。最主要的是你相信黄金呢，还是相信政府的调控？或者是负责任的政府的调控？实际上还是要靠政府的责任心，还是要靠政府的合适的财政政策、货币政策或者长期观察的货币的稳定性。

胡守钧 复旦大学社会学系教授

我觉得有些理论问题，如果不返璞归真，就会越讲越悬，越讲越复杂。回到生活，回到常识，可能就豁然开朗。我认为世界货币的本位问题就是这样一个问题。本来就那么回事。货币之间怎么建立关系？我们最好有一个桥，金本位就是一个桥，黄金就是一个桥。

当公元前643年，黄金在吕地亚人手中铸造成货币的时候，从那时开始人们就希望通过黄金，找到一种公平的交易规则；近三百年前，英国人选择了用黄金作为货币，并依靠金本位制度建立了一个盛极一时的贸易帝国。风云变幻，物是人非，今天的黄金还具备那种所向无敌的魔力吗？如何面对黄金所内含的契约精神，围绕黄金是否应当作为稳定货币价格、保障货币安全的手段而展开的一幕幕激烈论战，向人们展示着从来也不曾间断的权力与义务的辩争，强权与公正的对抗。

也许，无休止的争论都与黄金有着密切的关系，而从黄金出发的思考范围，甚至远远超出了人们最初的想象。诺贝尔经济学奖获得者克鲁格曼指出：美国并不会重回金本位制。这种错误思想的翻新版本无疑将破坏美国实现全面复苏的机会。而被全球投资者尊称为“股神”的巴菲特说：从长期看，人们从遥远地区的地下开采黄金，千里迢迢运到这里，再藏到地底下，雇用保安看着，所以黄金的真正用途并不多，即便人们愿意要它，也不是什么太好的投

沃伦·巴菲特（1930— ）

约翰·凯恩斯（1883—1946）

罗伯特·蒙代尔（1932— ）

资。20世纪30年代，以倡导政府对经济实施干预政策的著名经济学家凯恩斯指出：黄金在我们制度中具有重要的作用。它作为最后的卫兵和紧急需要时候的储备，还没有任何其他的东西可以取代。被称为“欧元之父”的罗伯特·蒙代尔则认为黄金在21世纪，或许会成为国际货币体系中的一部分。

也许这样的争论还远远没有结束，面对不断变化着的世界，人类从来也没有停止过寻找答案的脚步。

独家访谈

EXCLUSIVE INTERVIEW

第一财经：如何看待货币发行权？具有货币发行权的政府应该担负起怎样的社会责任与道义？

戴相龙　全国社保基金理事会理事长，原中国人民银行行长

货币发行权应该是中央的，是国家中央银行的。中央银行是银行的银行，是国家的银行，这个是肯定的。货币发行量就是货币供应总量。它发行的货币有几种，一种就是说你们说的现金、现钞、票子，还有一个就是中央银行给商业银行再贷款，它又变成货币。总体来说，一个货币供应量，是M1、M2这些货币供应量的总量，应该是中央银行控制的，是国家控制的，都要纳入全国人民代表大会去审定的。

一个国家包括市场经济国家，它的宏观政策有多方面的。就中国来说，有财政政策、货币政策，还有法律、行政政策，但是很重要的两个是财政政策和货币政策。财政政策主要解决经济结构的问题，解决它对哪一个行业减税、加税的问题。中央银行的货币政策就是个总量政策，中央银行的主要职责就是保持币值稳定，以此促进经济发展。如果币值都不稳定了，或者通货膨胀了，或者通货紧缩了，那对经济的计价、交流、清算都不利。

货币发行怎么稳定呢？就要和经济尤其是实体经济的总量紧密联系，和实体经济的增长效益紧密联系。另外，还要根据物价变动来进行。如果物价高了我就减少货币，物价要是低了，你就可能通缩了，要提高货币。至于黄金在里头起到的作用，它就跟外汇储备一样，是国家储备的一个成分。我们的外汇储备里头，有美元，当然还有欧元，还有少量的英镑，还有日元。其他还有黄金。根据我们人民银行公布的，黄金可能占外汇储备比例比较低，所以它还不是很多的。当然也不是说我黄金多我这个货币就稳，黄金少我这个货币不稳。我黄金少，但我的经济总量很大，我经济平稳，我的市场照样稳定。所以说黄金起的作用只是一种货币，只是一种价值，它是外汇储备的一个部分。不能根据我们的黄金多少，来判断我们的实力大小。

现在你要寻找一个物质的东西、财富的东西跟这个货币供应量挂钩，在过去就是用黄金多少来发行货币来计价，现在我的看法是已经不行了。最主要的是，你相信黄金呢，还是相信政府的调控？或者是负责任的政府的调控呢？因为实际上还是要靠政府的责任心，还有政府的合适的财政政策。中国政府从来是对货币发行、财政收支平衡负责任的，而且接受人民代表大会监督。政府对人民负责，很重要的就是经济政策必须有利于经济稳定，必须有利于民生，不能伤害群众利益，这是肯定的。

第一财经：美联储成立以来发挥了什么样的作用？

夏斌　国务院发展研究中心金融研究所名誉所长

美联储，当然不光是美联储，布雷顿森林体系也发挥了作用。在20世纪70年代以前，也就是说1944年以后，1945年到1955年是黄金十年，或者说到1965这二十年，基本是这样一种国际货币体系的框架，它对推进世界经济的发展应该说还是起了作用的，大家都很稳定。后来这种货币本身背后的国家实力慢慢出现了衰弱，美国充当世界警察需要大量费用，加上军费的开支等，最后财政出现了亏空，引起了美元纸币的贬值。

我曾经多次批判原美联储主席格林斯潘的货币政策。我讲的是格林斯潘的政策问题是在2006年的11月、12月底。当时格林斯潘卸任的时候，全球都在讨论，美国高消费、低储蓄，中国高储蓄、低消费，这样一种全球失衡，是什么造成的？能不能维持？当时我从这个讨论中间，感觉到2006年美国在不停地发货币。格林斯潘卸任的时候大家都欢呼他，好像他是一个神。我当时就说，格林斯潘的政策遗产对美国经济可能是福，起到了很大的推动作用，但是对世界经济是福还是祸应该有历史的评判。我没有那么伟大，没有那么聪明，没有预测到2007年的次贷危机，2008年的全球金融危机。但是我始终隐隐约约感觉这样一种状况之下，美联储多发货币，它的后遗症可能会爆发。所以说对于格林斯潘奉行的多发货币、低利率政策我表示异议。

GOLDEN AGE

7

亚洲的黄金

日本、印度、中国，同处东方世界，同为东方民族，地理位置并非遥不可及，各自文化中也有着近似的东西。然而，过去的落后者变成了领跑者，过去的学生成为了老师，究竟是怎样的土壤、怎样的文化突变让三者的命运如此不同？日本工业先驱小栗忠顺的一颗价值40万两黄金的“螺丝钉”，似乎就是我们要寻找的答案。

亚洲的黄金，不是商人手中的货币，而是国王手中的权杖，和寺庙佛像的光芒。

中国和印度，这两个崇尚农业的文明古国，几乎不约而同地选择了对货币流通的拒绝与傲慢。伴随着越来越多的黄金藏进宗教场所，伴随着越来越多的黄金被皇亲贵族所占有，英国东印度公司逐渐发展壮大。

日本却将黄金变成了用于学习的代价与付出。小栗忠顺在美国遭遇的屈辱，最终化作了一个国家发展工业文明的动力，在最短的时间迅速崛起，成为世界强者。

而背负着沉重思想包袱的印度和中国，却在外族的刺刀与炮口下，被迫开启沉重而腐朽的大门，陷入了长达百年的痛苦转型。

不同的文化基因决定了不同的选择，而不同的选择，也让这几个国家迎来了各自不同的命运。

这是三百多年前的一个徽章，它是大名鼎鼎的英国东印度公司的标志。1600年12月31日，身负着英国皇家授予的贸易专利特许权，这家公司的武装商船从伦敦扬帆出海，前往印度。在此后一百多年的时间里，他们的足迹遍布印度各地，这家公司也成为了印度这个大英帝国在亚洲最大殖民地的实际控制者与管理者。他们拥有自己的船队、港口、货场、大面积的种植园，甚至还有自己的军队。

东印度公司标志

在东印度公司驶向东方的远洋船队中，超过九成的空间都装载着金银。有数据表明，从1600年到1730年的130年间，从欧洲流向东方的黄金和白银的数量，远远超过了欧洲从整个美洲获取金银数量的总和。

对于黄金的使用，东方与西方的态度完全不同。当西方把黄金当作货币用于商业贸易的时候，印度以及它所在的整个亚洲，就像一块巨大的海绵，不停地吸纳着西方在与亚洲贸易中源源不断输入的黄金。一位西方商人在对英国与印度之间的贸易进行了考察之后，不禁哀叹道：“许多财富流向了印度，就像所有的河流流向了大海，一去不复返。”

问题是，那些被欧洲人千里迢迢运来的黄金，到达印度之后，去向哪里了呢？

英国东印度公司

创立于1600年，全称为不列颠东印度公司（British East India Company，简称BEIC），有时也被称为约翰公司（John Company）。是一家股份公司，共有125个持股人。1600年12月31日英格兰女王伊丽莎白一世授予该公司皇家特许状，给予它在印度贸易的特权。随时间的变迁，东印度公司逐渐从一个商业贸易企业变成印度的实际主宰者。到1858年被解除行政权力为止，它还获得过协助统治和军事的职能。

基纳里（Kinnari） 印度访问学者

黄金是印度文化中非常重要的一部分，关于黄金的知识代代相传。人们一直在收藏黄金，并意识到黄金的重要性。

斯图尔特·默里（Stewart Murray） 伦敦黄金市场贸易协会首席执行官

特别是在印度农村，黄金被视为储存财富的重要形式。

郭小凌 首都博物馆馆长

印度现在每年消耗的黄金达到700多吨，是世界第一。

当然，仅仅依靠家庭的留存，并不足以涵盖印度大陆上流转的大量黄金，它们必然还有一个更为庞大的归属。

2011年6月，印度考古学家在印度南部一座具有五百多年历史的神庙中，发现了六间地下密室。当尘封已久的密室大门被打开之后，人们被惊呆了。仅仅在其中一间密室里，堆积的黄金就足以按吨来计算，经过初步统计，这里的黄金总价值超过100亿美元。密室中的黄金种类，不仅有二百

发现黄金的印度寺庙

年前英国东印度公司时期流通的金币，甚至还发现了有上千年历史的古罗马时代的金币。

尚会鹏 北京大学国际关系学院教授

在印度寺庙地宫中发现大量金银财宝并不奇怪。这些金银财宝是哪儿来的？是捐献来的，有钱的人把财宝捐献给寺庙。

张庭宾 《黄金保卫中国》作者

因为印度的宗教，无论是印度教还是佛教，都对黄金非常推崇，都把它作为圣物。

印度人对黄金的态度，与这个国家的历史紧密地联系在一起。数千年的风云变幻，这片大陆被分割的支离破碎，以至于历史上仅仅只有三个帝国的统治疆域覆盖了印度一半以上的土地。而在其他大部分时间里，这片土地上出现了无数大大小小的王国，它们之间长期征战不休，杀伐不止。

朱明忠 中国社会科学院亚太研究所研究员

印度文明已经有五千年历史了，但是这五千年中，它统一的时间很短，大部分时间处于分裂状态。每个国家也很小，一个县可能就是一个国家。我算了算，它真正统一的时间也就七八百年。社会不安定，人就越来越感到自己的命运自己把握不了，于是就祈求神。这也是一个原因，是社会造成的，逼着人们去相信宗教。

尚会鹏 北京大学国际关系学院教授

政治上的动乱对人们的财富观是有影响的。比方说常年动乱，人们就不容易对不动产进行投资，因为动乱中人们不知道要跑多少个地方。要逃难，像房子、土地不好带，那么一些比较好带的财富就受到推崇。所以黄金、首饰、珠宝这些东西在印度历史上，最受印度人喜爱。所以，印度人喜爱黄金，可能跟印度在政治上长期处于动乱状态有关系。

延绵的动荡与苦难，使生活在这片土地上的人们渴望获取心灵上的宁静。

在印度，一个关于阿育王的传说流传至今。阿育王是距今2200多年前统治印度的孔雀王朝的一位帝王，同时也是佛教历史中最为重要的人物之一。青年时代的阿育王是一个残忍好斗的暴君。他通过一场场残酷的战争扩大了帝国的疆域，然而在目睹了生灵涂炭的惨烈场面之后，阿育王顿感痛苦。不久后，他就皈依了佛教，开始实施德政，倡导“少做恶，多行善，慈悲与慷慨，真诚与纯洁”。在传说的结尾，正因为这些宗教意义上的人生哲理，帮助阿育王稳定了他庞大的帝国。

魏道儒　中国社会科学院世界宗教研究所研究员

阿育王在征服了广大地区，建立了一个幅员空前辽阔的大帝国之后，他开始认识到，武力征服不仅破坏性大，很残忍，而且效果有限，所以他开始认为达摩的征服才是真正的征服，他所说的达摩，指的就是给臣民制定一系列的道德规范，让臣民信守这些道德规范。

阿育王（约前304—前232）

又称无忧王，是印度孔雀王朝第三代君主，也是印度历史上最伟大的一位君王。其一生可分为两部分。前半生是“黑阿育王”时代，主要是经过奋斗坐稳王位和通过武力基本统一印度。据说阿育王在征服羯陵伽国时亲眼目睹了大量屠杀的场面，深感悔悟，于是停止武力扩张。后半生是“白阿育王”时代，在全国努力推广佛教，终于促成了这一世界性宗教的繁荣。其统治时期成为古代印度历史上空前强盛的时代。由于阿育王强调宽容和非暴力主义，他在民众的欢呼声中统治了长达41年时间。

印度寺庙

印度寺庙的黄金佛像

在那些纷乱的年代，宗教成为印度人最大的精神寄托。在印度流行的印度教和佛教，尽管各自学说有很大的不同，但它们都接受业报轮回的说法。这让印度人获得了心灵的慰藉。印度教传说中象征富饶和繁荣的拉萨米神，被描绘成一个戴满黄金装饰的美丽女子，她穿着黄金镶边的红色衣服，手中不断流出黄金。而佛教教义中的黄金，代表了真常不变、纯净无染的品行。信徒们为此愿意将自己的财富捐给神庙，求得心灵的安宁和对后世轮回的期待。

金碧辉煌的寺庙，通体金色的神像、黄金打造的宗教法器，无以计数的信众为寺庙捐输黄金，形成了黄金在印度最重要的流向。

同样作为东方古国的中国，在西汉中期，发源于印度的佛教就已流传至中原。面对中国固有的儒家思想、道家学说，来自异域的佛教与中国本土的儒、道思想经过长时期的相互浸润，最终成为广大民众信奉来世幸福的精神寄托。

如同黄金在印度的命运一样，随着佛教在中国的兴盛，黄金的用途似乎也具有了一种确定的方向。根据《魏书》记载：公元467年，仅一座天宫寺的释迦牟尼像，就用去了黄金600斤。从这一点就不难看出，佛教寺庙已经成为黄金的重要流向。“南朝四百八十寺，多少楼台烟雨中”，通过唐代诗人杜牧的诗句，可以想见如此数量众多的佛像与寺院，又该需要多少黄金来装点呢?

谭前学　陕西省博物馆学会秘书长

应该说在中国古代，金银器是贵族消费的东西。金银器艺术也是一种为贵族、为上层服务的艺术。

朱大可　同济大学文化批评研究所教授

黄金一旦进入流通，它的尊严就丧失了。所以在中国的历史上，黄金只能进入一个膜拜和展示的层面，而不能进入流通层面。

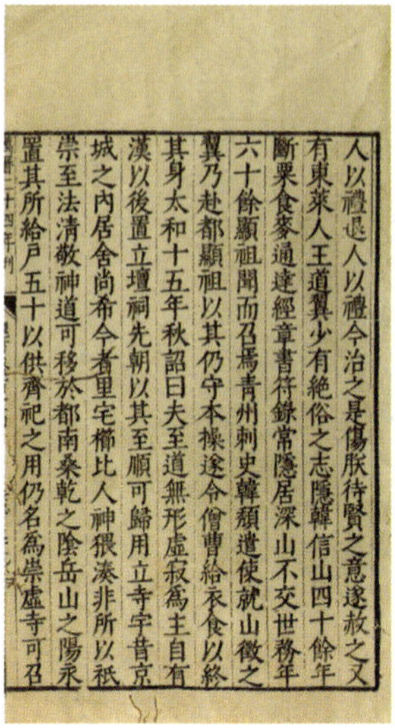
人以禮退人以禮今治之是傷朕待賢之意遂赦之又
有東萊人王道翼少有絶俗之志隱韓信山四十餘年
斷粟食麥通達經章書符籙常隱居深山不交世務年
六十餘顯祖聞而召焉青州刺史韓頹遣使就山徵之
翼乃赴都顯祖以其仍守本操遂令僧曹給衣食以終
其身太和十五年秋詔曰夫至道無形虛寂爲主自有
漢以後置立壇祠先朝以其至順可歸用立寺宇昔京
城之內居舍尚希今者里宅櫛比人神猥湊非所以祗
崇至法清敬神道可移於都南桑乾之陰岳山之陽永
置其所給戶五十以供齋祀之用仍名爲崇虛寺可召

《魏书》

当用于维护统治的精神力量大量占用黄金的时候，那么黄金最终成为货币流通的可能性，自然就变得微乎其微。因为在统治者的心中，与其让黄金变为不安分的商人手中的金币，还不如用他们去塑造神像，供民众顶礼膜拜，享受虚幻的万世太平，更让统治者感觉稳妥和适用。

就这样，中国和印度这两个崇尚传统农业社会的文明古国，几乎不约而同地选择了对货币流通的拒绝与傲慢。伴随着越来越多的黄金藏进宗教场所，伴随着越来越多的黄金被打造成代表皇族至尊地位的专属用品，英国东印度公司却在这场贸易交换中逐渐地发展壮大，运来的是黄金白银，带走的是粮食和棉花，这些工业发展的必须品，为英国的工业革命做了最为充分的物质准备。输赢早在此刻就已经清晰：1840年，大清的国门在英国的炮口下轰然坍塌，中国被迫割让香港岛，并且赔偿白银2100万两，从此中国陷入了用大量白银换取短暂和平的屈辱时代；而印度则在1857年沦为了英国的殖民地，就此成为了西方人口中的“落后国家”。当1874年英国东印度公司结束历史使命的时候，《泰晤士报》这样评论道：“在人类历史上它完

东印度公司

成了任何一个公司从未肩负过，和在今后的历史中可能也不会肩负的任务。”

尚会鹏　北京大学国际关系学院教授

中国和印度的文化有一个明显的内核，即主要的核心的东西，这种核心的东西对于人的影响根深蒂固。

俞吾金　复旦大学哲学系教授

人们对黄金的理解，只是作为一种地位，一种权势，一种物质上的力量。人们只是从这个角度去理解，所以对黄金就不会作为一个重大社会问题来讨论、来处理。

叶坦　中国社会科学院经济研究所研究员

古老的东方帝国，经过几千年积淀下来这么一个文化传承，可不是一两代人就能改变了的。想在多少年里就彻底改变，这是不可能的。

但是同样地处亚洲，也同样被佛教思想所浸润的国家日本，对于黄金的理解与态度却与中国和印度截然不同。

1300多年前的唐朝，是中国封建时代的巅峰。都城长安处处散发着令人惊叹的文化魅力，是当时的国际大都市。大唐王朝吸引着来自世界各地的人们。偏居海外一隅的日本也被唐王朝的盛世魅力所吸引。

贾麦明　西北大学历史博物馆副研究员

日本有一个和尚叫惠济，他就给日本政府建言，说“大唐国者，法式备定，珍国也，常须达”。意思是说大唐国的法式、法律和它的政治制度都是完备的，它是珍国，我们要经常派人到那里去学习。

为了更大规模向中国派遣遣唐使团，自公元630年开始，日本政府每一次都必须大量动用国内数量不多的黄金。而当时的日本并不生产黄金，这样的学习费用支出使日本倍感艰难。

王新生　北京大学历史系教授

这个费用多到什么程度？有时候不得不征一些特别的税收来筹措资金。比如第十三次遣唐使先后派了几拨，第一拨派出去遇见风，遇难了，没有成功；第二拨又遇难了；第三拨再派的时候，只好向全国增加税收来筹集费用。据说每次遣唐使的费用加起来能占到当时日本GDP的3%—5%，这个费用是相当相当高的。

王晓秋　北京大学历史系教授

大概派第十次遣唐使的时候，人员已经任命了，可是没有钱。然后就筹钱，各方面整整准备了三年，才把钱筹起来，才出发。

韩昇　复旦大学文史研究院教授

唐朝是使用铸币的国家，但日本不铸币，拿不出钱来就没办法了。所以它只能用砂金。日本朝廷把能够对外使用的黄金基本上都给了遣唐使。但到唐朝不是来挥霍的，是来买书的。唐朝的书是整船整船地运回去。

日本遣唐使制度

从公元7世纪初至9世纪末约两个半世纪里，日本为了学习中国文化，先后向唐朝派出十几次遣唐使团。其次数之多、规模之大、时间之久、内容之丰富，可谓中日文化交流史上的空前盛举。遣唐使对推动日本社会的发展和促进中日友好交流作出了巨大贡献，结出了丰硕的果实，成为中日文化交流的第一次高潮。

铃木靖民　日本国学院大学教授，横滨历史博物馆馆长

8世纪时，日本人口在600万左右，挑选出其中的第一流人才，120多人坐在一条船上，四艘就有500多人。这些人拼上性命，失败的话就会被大海吞没，大家怀着必死的决心前往唐朝。为此需要花费高额的费用。

王勇　北京大学中国语言文学系教授

一般是两艘船，每艘船100多个人。为什么派两艘船呢？因为当时海难的事故率是50%，两艘船任命两个大使、两套班子，是准备其中一艘翻船的。我统计了一下，死亡率在1/3左右。现在如果有1/3的死亡率，中国人谁也不会到日本去，日本人也不会到中国来。可是那个时候，他们冒着这么大的风险，付出这么大的代价，就是为了学习唐朝的先进文化。于是形成唐文化在异国他乡开花结果的局面。

即便如此，日本人学习先进文明的决心并未动摇，派遣学习使团的情况一直持续了120年之久。直到公元749年，日本第一次在自己的国土上发现了金砂。自此之后，日本每年可以自产砂金22公斤。

从公元630年开始，在接下来的两个半世纪中，日本举全国之力一共派出了十三批遣唐使，共计上千人来到中国。他们无比珍惜这来之不易的学习机会。唐代中国的政治、经济、文化、艺术高度发达，使一批又一批的遣唐使者心悦诚服、大开眼界。

通过学习，中国唐朝的律法成为日本法律的模本，唐代大诗人王维、白居易的诗歌在日本广泛流传，宗教、书法、绘画、建筑也在这一时期传入了日本。后人评论说：正是这些“遣唐使”所携带行囊里

为数不多的砂金，换回了日本文明的进步与提升。

依田熹家　日本早稻田大学名誉教授

日本的国家制度是模仿唐朝建立起来的。然后，以佛教为中心，又吸取了各种各样的文化。可以说艺术、思想、技术等一切方面都吸收。

王晓秋　北京大学历史系教授

日本文明的各个方面都打上了中国的烙印，比如建筑。当时他们到了长安，即唐朝的首都，看到长安的繁荣，看到长安的城市建设非常繁盛，而且非常有条理，像棋盘一样。所以他们回去以后，就在奈良建了一个平安京。现在我们到奈良还可以看到，它完全模仿中国的长安。后来他们觉得那里还小，又发展到京都。他们把京都叫平城京，平城京的格局也完全像长安一样。

王新生　北京大学历史系教授

日本确实学到一些制度性的东西。比如说，它的班田制模仿唐朝的均田制。它的行政机构，比如唐朝有省、台这样的机构，他们也拿过去变成了他们的。法律也是这样，唐朝的律令拿过去变成了他们的法律。

王建新　西北大学文化遗产学院教授

国家怎么建，制度怎么建，怎么安排，包括官职怎么安排，怎么架构，都是通过这些人到中国来学习的。虽然不能说完全照搬，但是很多方面是模仿中国的这套制度去建立的。

韩昇　复旦大学文史研究院教授

就这样逐渐地发展起日本自己的文化，所以日本把它称为国风文化。这个国风文化不是对唐风文化的反动，而是对唐风文化的一种继承和发展。把唐朝的东西渗透到自己的骨髓里面，最后变成自己的东西，日本做得非常成功。

王勇　北京大学中国语言文学系教授

虽然要冒着巨大的风险、代价，可是他们通过这一条充满危险的道路，把日本从一个封闭的海岛，引上了国际的舞台，这个意义非常大。

一千多年后的19世纪，人们又一次深刻地感受到了日本人这种令人难以置信的学习精神。

在日本的群马县，立着一块石碑，这块碑是为了纪念一个叫做小栗忠顺的日本人。140多年前，这位一生致力于推动国家改革和工业化发展的时代先行者，因为一个莫须有的罪名在这里被处决，留下一段令人感叹的往事。

1860年，日本为了发展海军，派出访问团到美国考察，小栗忠顺作为访问团成员来到美国。

汤重南 中国日本史学会会长

他们到了欧洲和美国的感受可以用三个字概括：惊，就是开始非常吃惊，就是觉得怎么会有这么发达的一个西方世界；然后就是醉，就是陶醉和沉醉在这样一种先进的文明制度里面；最后是狂，狂热地来学习西方那些工业技术。

冯玮 复旦大学历史系教授

到达美国以后，一次在华盛顿参观海军军工厂，接待他们的一个美方人员拿起一颗螺丝钉，对小栗忠顺说，你们日本现在连这样的螺丝钉都生产不出来，即便购买再多的军舰，那也只是一次性的商品。你们要建设发展海军还必须从掌握技术入手。这番话对小栗忠顺很刺激，他感到一种羞辱。

根据记载，小栗忠顺满面通红地看着这颗螺丝钉，沉默了一段时间后，伸出双手，恭恭敬敬地接了过去，并且说道："您说得很有道理，我都已经记在心里了，实在非常感谢您的赐教。"

就在结束了这次耻辱的考察五年之后的1865年，日本开始建造横须贺造船厂。小栗忠顺担任了这项浩大工程的负责人。六年后，横须贺造船厂建成投入使用，在小栗忠顺的坚持下，为了达到最高要求的建设标准，整个工程花费超过40万两黄金。

40万两黄金对当时的日本政府来讲，是一笔令人

小栗忠顺（1827—1868）

日本幕府外国奉行、勘定奉行、步兵奉行。他是日本近代陆海军的始祖，对兵制、军备改革、武器革新等均作出过超人的贡献，并负责完成了神奈川县横须贺造船所的建立。小栗本身主张开国论，但因为忠于幕府，而与倒幕派誓不两立。他是由保守派大老井伊直弼（在倒幕派看来简直可称为魔君的人物）一手提拔起来的，策划过征长战争，戊辰战争时持强硬立场而与胜海舟等对立，因此，虽然此后闭居上野权田村，还是被搜出来处死了。在处死他的地点，立有一块石碑，上书"伟人小栗上野介，无罪却在此处被斩"。

1860年4月5日，日本遣美使节团参观军事工厂时与美方代表合影

小栗忠顺当年珍藏的螺丝钉，现存于日本群马县东善寺

难以接受的庞大开销。巨额的建造花费，把小栗忠顺推入了政治斗争的漩涡之中，政治对手认定他从中牟利，私藏黄金，最终小栗忠顺被斩首处决。

在小栗忠顺的家中，疯狂的人们翻箱倒柜寻找黄金，但是结果令他们失望。这时一个小木匣引起了人们的注意。小木匣里面用层层丝绸包裹着什么。当人们揭开丝绸，打开最后一层的时候，一颗小小的螺丝钉赫然出现。

这颗螺丝钉正是小栗忠顺在美国造船厂被羞辱后，收下的那一颗。

韩昇　复旦大学文史研究院教授

日本愿意付出所有的代价，只要能够超越。向唐朝学习也好，向美国学习也好，把自己的所有东西都放下，几乎把它归于零。所以你说日本没有文化，那么好，我们就从零开始，把我们的文化放到

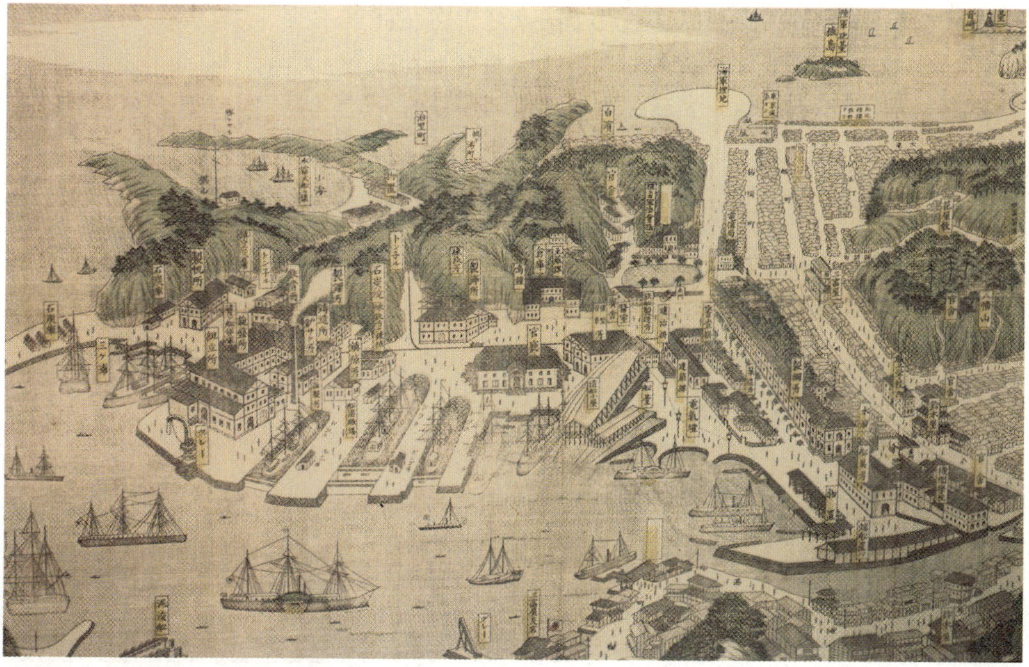

1885年日本出版的《横须贺明细图》

最低，然后再一步步做起。他们这么洗心革面地学习在历史上已经两次了，这在别的民族很难见到。

铃木靖民 日本国学院大学教授

我觉得日本是这样的一个民族：如果有需要向外国学习的话，就会积极地去学。像古代的遣唐使，德川幕府推行的向欧美学习，还有六十年前输掉战争之后向美国学习，建立美国式的文化及社会。像这样，集中地在短期内进行吸收并融合成自己的东西，以此改变日本社会，我觉得这就是日本的特点。

从1300多年前的遣唐使，到140多年前的小栗忠顺，我们能够深刻地感受到，在跨越千年的民族前行历程中，某些一脉相承、渗透于民族血液的可贵精神。

当印度与中国把黄金藏在寺庙的地宫、把黄金当作粉饰太平的工具时，日本却将黄金变成了用于学习的代价与付出。不同的文化基因决定了不同的选择；而不同的选择，让这几个国家终于在一百多年前的19世纪，迎来了各自不同的命运。当日本在经历了国门被打开的短暂恐慌与迷茫之后，他们用知耻者后勇的精神，在最短的时间内迅速崛起，成为世界强者；而背负着沉重思想包袱的印度和中国，在前行的路上步履蹒跚，终于在外族的刺刀与炮口下，被迫开启沉重而腐朽的大门，陷入了长达百年的痛苦转型。

王晓秋　北京大学历史系教授

中国是洋务运动，日本是明治维新，差不多是同时代的，前后三十多年时间。我把这看成是两个国家之间的比赛。虽然政府没有很自觉地参加，但实际上仍是两个国家之间的一场近代化的竞赛。这个过程一直到1895年，就是甲午战争结束，这才分出了一个胜负，就是当时日本打败了中国。

1901年，一个名叫严复的中国人，第一次把英国经济学家亚当·斯密撰写的《国富论》这部被誉为西方经济学经典的著作翻译成了中文，而此时距离《国富论》的出版已经过去了一百多年。

严复在他的译本《原富》中，结合他对中国的思考，增添了不少新的案语，这些案语也成为他“托译言志”的场所。严复曾焦虑地写道：“说者谓往者西国悉弃银准用金，独中国、印度、日本三者用银。今印度、日本亦用金准，用银之国，独有支那”，“各国既用金准，而中国不变，其受病之大，终有所底”。

当时西方各国普遍实施了金本位制度，由此造成白银的不断贬值，严复看到了这个问题，并希望中国能像西方那样建立金本位制度。不过，对于当时的中国来说，更严峻的问题是，连近代意义上的货币制度都还没

严复与《原富》

严复的《原富》饱含了作者对积贫积弱、处于现代化转型时期的中国社会经济发展状况的高度关注，为处于学问饥荒时代的中国社会提供了精神食粮，对近代中国社会经济文化的发展产生了深远影响。

有建立。

陈昆 南京审计学院副教授

当西方实行了比较发达的金币本位制度的时候，中国实行的还是落后的银两本位制度。银两本位制度的最大问题是没有精确的货币单位，每次交易都要称重量、验成色，所以导致了很大的交易成本。更重要的是，他没有上升到国家制度的层面，没有严格的法律保障。当时的既得利益者自得其乐，从来没有想到去改变它，所以使得我们的货币制度背离了世界文明的大道。

马德斌 伦敦政治经济学院经济学学者

最大的缺点很明显，你使用每一个银块、银两，都要去称一下，都要去看一下，不像我们现在看到一个货币，上面写着一个价值，我们就可以使用了。所以这是最大的缺点。

季卫东 上海交通大学法学院院长

中国当时的货币制度，没有把货币关系加以确定化，把货币的固定性通过制度来加以保障这样一种安排，所以导致了我们的货币秩序始终是不确定的。

其实在严复之前五十年，就曾经有官员向清廷提出了币制改革的建议。他叫王茂荫，当时官居户部右侍郎。

王茂荫一家从祖父时代起，就在北京一带经营茶庄，因此王家深谙经营之道。在这样的家庭氛围中长大，王茂荫十分了解商人的作用和在当时受到的种种歧视。他在给咸丰皇帝的奏折中说：“必得商贾流通，百货云集，方足以安民生。”从1851年到1854年，四年间王茂荫三上奏折，建议朝廷推行币制改

货币制度僵化与近代中国衰落

中国近代衰落的原因，从外部看无疑是西方列强的武装侵略和财富掠夺，从内部看则是中国缺乏货币制度的创新。当西方国家纷纷实行金本位制时，中国却抱残守缺，固守三百多年的银本位制而不变。研究发现，由于中国实行银本位制，货币制度存在重大缺陷，西方列强联手狙击中国的货币市场，无论是中国的出口商品还是进口商品，都成为西方列强掠夺中国财富的工具和剥削中国的手段；也不论中国国内生产能力有多大，出口能力有多强，中国的商品在国际市场上先天性地不值钱，因为国际市场上商品用黄金结算。西方列强利用中国货币制度的缺陷对中国的掠夺数额远远大于不平等条约的掠夺。同时，西方投机家们也利用中国货币制度的缺陷，在中国金融市场上大肆投机，冲垮了中国的货币体系和税收体系，掏空了中国的财政，最终使中国无可挽回地走向衰落。

革。然而咸丰皇帝在批复中激烈地指责王茂荫“专为商人指使”，责令其调离户部，从此再也没有启用。

魏忠　上海金融学院副教授

王茂荫的主张，是发行可兑换的货币，以替代不可兑换的货币。这样可以防止通货膨胀的发生，目的是要解决清政府的财政危机。

1900年，也就是王茂荫去世三十五年之后，八国联军攻入北京。王家经营三代的茶庄毁于战火，王茂荫的儿子王铭慎怀抱账簿，在火海中与开业120年的茶庄同归于尽。王茂荫和家人的命运，成了当年国运的缩影。

尽管在帝国“大厦将倾”的前夕，康有为、梁启超、郑观应等时代的思考者不断发出改革币制、建立近代货币制度的呐喊，但是这个沉重的国度似乎已经失去了再调整的能力。

面对这样的情况，翻译《国富论》的严复只能感叹道，“不幸吾国知计者鲜，莫能为之预图，则亦听其自至而已”。

邓钢　英国皇家历史学会院士

严复这一代人开始对西方人重新界定。以前我们说西方人是蛮夷，把西方人就按夷人来看。但是严复这一代人开始用“洋人”这个概念。洋人是没有贬义的，夷人是有贬义的。所以他开始重新考察西方的优点。

克雷格·克鲁纳斯（Craig Clunas）　英国牛津大学艺术史教授

在我看来，他试图努力做到，能够表达和同时代的西方知识分子们同样的言论，关注和他们一样关注的问题，例如国家的富强、银行系统的建立等概念。

韦森　复旦大学经济学院教授

从晚清到现在，我们中国人应该吸取的最大教训是什么？是要把制度搞对，我们国家才能兴起。晚清的严复，我觉得应该说是近代中国的一个先知，他非常清楚地看到了这一点。严复当时看到的那个东西，到现在我觉得仍然有现实意义。

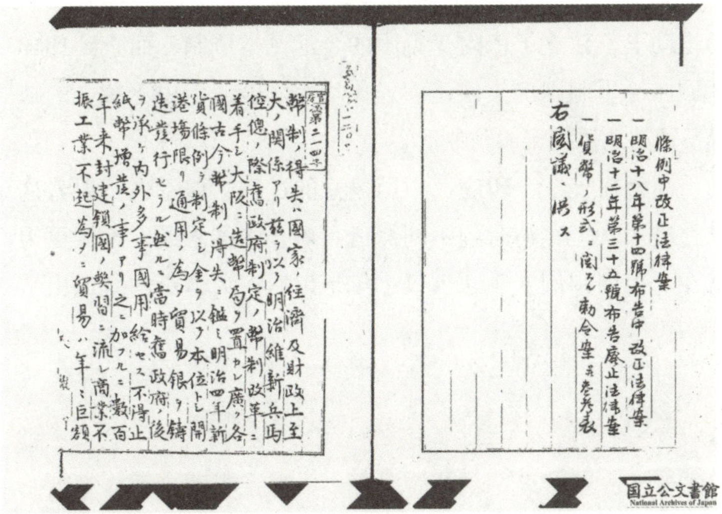

條例中改正法律案
一 明治十八年第十四號布告中改正法律案
一 明治十二年第三十五號布告廢止法律案
一 貨幣ノ形式ニ關スル勅令案ヲ參考ニ表
右閣議ニ供ス

幣制ノ得失ハ國家ノ經濟及財政上至大ノ關係アリ茲ヲ以テ明治維新兵馬倥偬ノ際舊政府ノ幣制ヲ改革ニ着手シ大阪ニ造幣局ヲ置カレ廣ク各國古今ノ幣制ノ得失ニ鑑ミ明治四年新貨條例ヲ制定シ金ヲ以テ本位トシ開港場限リ通用ノ為メ貿易銀ヲ鑄造發行セラル然ルニ當時舊政府ノ後ヲ承ケ内外多事國用給セス不得止紙幣增發ノ事アリ之ニ加フルニ數百年來封建鎖國ノ弊習ニ流レ商業不振工業不起為メニ貿易ハ年ニ巨額

日本1879年《货币法》

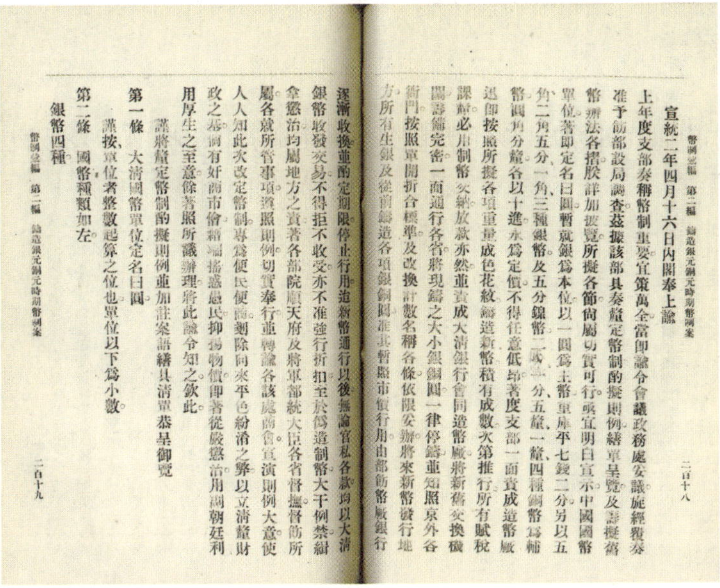

幣制彙編　第二編　鑄造銀元銅元時期幣制案

宣統二年四月十六日内閣奉上諭

上年度支部奏稱幣制重要宜策萬全當即諭令會議政務處妥議旋經覆奏准予飭部設局調查茲據該部具奏釐定幣制酌擬則例繕單呈覽及詳擬舊幣辦法各摺朕詳加披覽所擬各節尚屬切實可行亟宜明白宣示中國國幣單位著即定名曰圓暫就銀爲本位以一圓爲主幣重庫平七錢二分另以五角二角五分一角三種銀幣及五分鎳幣二厘一分五釐一釐四種銅幣爲輔幣圓角分釐各以十進永爲定價不得任意低昂著度支部一面責成造幣廠迅即按照所擬各項重量成色花紋鑄造新幣積有成數次第推行所有賦稅課釐必用制幣交納放款亦然並責成大清銀行會同造幣廠將新舊交換機關籌備完密一面通行各省將現鑄之大小銀銅圓一律停鑄並知照京外各衙門按照單開折合標準及改換計數名稱各條依限妥辦將來新幣發行地方所有生銀及從前鑄造各項銀銅圓准其暫照市價行用由部飭幣廠銀行逐漸收換並酌定期限停止行用迨新幣通行以後無論官私各款均以大清銀幣收發交易不得拒不收受亦不准強行折扣至於僞造制幣大干例禁組拿懲治均屬地方之責著各部院順天府及將軍都統大臣各省督撫督飭所屬各就所管事項遵照則例切實奉行並轉諭各該處商會宣演則例大意使人人知此次改定幣制專爲便民便商剷除向來平色紛淆之弊以立清釐財政之基倘有奸商市儈藉端搖惑恐民抑揚物價即著從嚴懲治用副朝廷利用厚生之至意餘著照所議辦理將此諭令知之欽此

謹將釐定幣制酌擬則例並加註案語繕具清單恭呈御覽

第一條　大清國幣單位定名曰圓

謹按、單位者整數起算之位也單位以下爲小數

第二條　國幣種類如左

銀幣四種

二百十八　二百十九

《币制汇编》

然而世界历史前行的列车，已经等不及两个曾经的亚洲大国在顽固与守旧中徘徊了。1897年，日本利用甲午战争后中国的巨额赔款，通过了《货币法》，在亚洲率先建立了金本位制；两年后，印度作为殖民地，在英国的推动下，建立了依附于英国的金汇兑本位制；而直到1910年，清政府才颁布《币制则例》，建立近代货币制度，但由于黄金的缺乏，还是不得不被动地采用银本位制。

不同的货币制度在日本、印度、中国建立的过程，似乎也折射着这三个亚洲国家在进入20世纪初时的不同命运。对于中国来说，大概更为明显，因为就在《币制则例》颁布仅仅一年半以后，大清帝国就退出了历史的舞台。

胡守钧　复旦大学社会学系教授

我想清王朝的灭亡原因，就是它的政策没有跟上社会发展的节奏，阻挡了历史前进的车轮。最后它想改，但历史已经不给它机会了，这是很值得思考的问题。在任何时代都有这个问题。社会的发展自有它内在的时间节奏，它不会等你太久。它会给你机会，但你一旦失去了这个机会，它就不会再给你机会。

1938年，中国著名历史学家蒋廷黻先生在他的著作中提出：“近百年中华民族根本只有一个问题，那就是：中国人能近代化吗？能赶上西洋人吗？能利用科学和机械吗？能废除我们家庭和家乡观念而组织一个近代的民族国家吗？能的话，我们民族的前途是光明的；不能的话，我们这个民族是没有前途的。”

周孝正　中国人民大学社会学系教授

有一句话说得特别好，就是站在巨人的肩上。什么叫巨人？就是人类的文明成果。你继承了人类的文明成果，就是站到巨人的肩上，然后才能再创造。所以我们说创造的前提，就是你得站在巨人肩上。

易中天　厦门大学人文学院教授

金无足赤，人无完人，国家也一样嘛，我们怎么不可能有自己的缺陷呢？我们正视自己的缺陷，坦然地面对自己的缺陷，以开放的心态学习人家，并不丢人啊。相反，这才是大国应该做的，才是一个泱泱大国的国民应有的心态。

“历史，始终是一个残酷的老师。”印度、中国、日本同处东方世界，同为东方民族，在他们的文化中有着类似或近似的东西，而地理位置的差距也并非遥不可及。然而过去的落后者变成了领跑者，过去的学生成为了老师，那究竟是怎样的土壤、怎样的文化突变让三者的命运如此不同。这样的问题我们是否已经找到了清晰的答案，因为能否找到这个答案对于当下、对于未来至关重要。也许只有这个答案变得清晰起来，才会使我们明白该如何走向未来。

独家访谈

EXCLUSIVE INTERVIEW

第一财经：从秦代以来，黄金始终没有在中国成为完全的货币，是什么因素造成了这种结果呢？

张杰 中国人民大学财金学院副院长

关于中国的货币本位，一直滞留于铜本位而没有向更高的贵金属本位过渡，长期以来理论界都在探讨这个问题，有共识也有争议。我认为，从大的方面看，农业文明是不容易向更高的贵金属本位过渡的一种文明。因为大家知道，农业文明的生产经营形式是以农业为基础的，而农业是一个定居的经济模式，在这种情况下，它的产品贸易的水平一定是低的。而货币正好要依赖于某种交易贸易的过程，它才能发展。

另外，在一个特定的时期，一个国家的贸易形式，决定于交易半径的大小。地中海的距离是非常适合于大宗国际贸易的交易半径。地中海周边的国家，可以借助于地中海的航海贸易来完成它们的交易，所以它们之间的交易频率是非常高的。在地中海文明孕育起来的西方的经济文明，很早就过渡到了以贵金属为媒介的货币阶段。

而中国呢，除了农业文明本身的特色之外，我们寻找不到一个合适的交易半径的交易对象。中国处在亚洲的腹地，但是它的交易对象在浩渺的太平洋的彼岸，交易频率是比较低的。货币本位的演进从根本上讲依赖于交易频率的大小。交易频率如果高，最后就会过渡到大宗交易，这样就需要更高级的货币本位来做媒介，而零星的小宗交易，最终肯定是一种低本位的货币来做媒介了。

第一财经：中国明清以来的银两制度，与当时的西方国家相比落后在

哪里？

叶坦　中国社会科学院经济研究所研究员

中国的银两制度在不同的时期有不同的规定，特别是到清代以后更加复杂。银两在形质上也非常复杂，甚至还有实两银、虚两银。多少重量等于一两也都是不一样的。尽管有一个时期曾法定以纹银为标准，但是纹银那个东西是很难完全统一的。再一个就是各个地方、各个时期都是有很大差异的，计算起来就比较繁难。但这种制度之所以能够存在，是因为它和那个阶段的交易流通相适应。当市场到了一定的发育阶段之后，特别是货币经济取得了长足发展以后，它就成为一种阻碍。咱们知道英镑，镑本来也是重量单位，英镑本来也是需要称重的，但后来不需要称重了。中国的两也是称重单位，在银两时代也就真的需要称重，就是“权”，所谓的“权”就是“称”。所以从这一点来看，东西方差距还是比较大的。而能否建立一个现代意义的货币制度，这是衡量一个国家近代化、现代化发展水平的重要标志。

现在一般认为的明清停滞，其实中国经济在明清时期并非完全停滞，只是发展速度太缓慢了。

第一财经：日本民族是如何看待差距和先进这两个问题的？这个民族的学习精神有着哪些特点？

赵德宇　南开大学日本研究中心教授

我记得我的导师武安隆先生说过一句话，很形象也很直白。他说日本在对待外来文化当中就是一名绿林好汉，怎么讲呢？就是说像绿林好汉一样，在争斗当中，我如果斗不过你，我就下马立即拜你为师。所以日本文明起步比较晚，尤其它的周边有中国这么古老的文明，总有一种压迫感，或者说一种危机意识，总觉得自己不如人。正是这种心理，促使了日本从它进入文明那天起就一直在奋起直追，追赶那种先进的文明，这是日本的一个很重要的特点。

从“倒头便拜”这个性格中，也能形象地说明这个国家怎么对待耻辱。日本人的这种耻辱心，我觉得反倒是促进了它的国家、民族的发展。在保留自己传统精神的前提下，不断地吸收最先进的外来文明，这是日本发展的一个支撑，发展到今天的一个支撑。

第一财经：您如何看待小栗忠顺和一颗螺丝钉的故事？

村上泰贤　日本群马县东善寺主持

通过“螺丝钉”这件事情，小栗忠顺感受到了美国现代文化的魅力或者说是认识到欧洲和美国原来如此先进这个事实。回到日本之后，他也告知了周围的朋友们这个事实。这件事情成为小栗忠顺想将日本变成像美国或欧洲那样的一个国家的契机之一。螺丝钉虽然是一个简单的东西，但是在华盛顿海军造船厂的参观，我认为对于小栗忠顺来说，是一次非常重要的体验。

我认为小栗忠顺作为一位先驱者，对日本的近代化起到很大的作用。在他的身上，体现了日本人的学习精神。日本人对于学习先进的事物这件事并不觉得羞耻。我认为大部分的日本人，应该觉得就因为自己不知道所以才要学习，这样自己也能进步。对于不知道的事情，虽然感觉到羞耻，但是如果能通过学习掌握它就可以了。

第一财经：近代中国与当时的先进国家相比，真正落后在什么地方？什么原因阻碍了中国的自我更新？

季卫东　上海交通大学法学院院长

中国所有的发展，都因为中庸之道变得不清不白。我们可以看到，这种思想一方面允许人们有交易的自由，但另一方面又把人们的身份编织到一定的关系里；一方面允许人们弱肉强食，体现了竞争经济非常残酷的一面，但另一方面讲所谓道德经济，讲什么重义不重利。这样一种矛盾的意识形态在不断地压抑着商人的活动。所以我们可以看到，这样一种传统的意识形态和它的制度安排，使得中国本来存在的发展现代市场经济的各种各样有利的因素，都在一个萌芽状态中就停止生长了。最重要的是中国没有提供一整套制度为民间的交易行为提供必要的支撑。

GOLDEN AGE

8

理性之光

黄金见证了大英帝国的没落，黄金目睹了前苏联的解体，黄金经历了日本经济泡沫的生成与破灭，黄金参与了中国经济三十年的崛起和复兴。黄金，虽然已经退出了国际货币舞台的中央，但仍然闪耀在世界经济体系的发展脉络中，用一种理性的光芒来映照着人类的美貌与丑陋，善良与邪恶，映照着人类的现在与未来。

自负的凯恩斯遭遇了挫败，统治全球二百多年的大英帝国从此风光不再，世界经济游戏规则的制定权转到美国手中。

一份秘密报告，被送到戈尔巴乔夫的手上，揭示了一个令人不安的消息。两个月后，前苏联，这个貌似强大的政权轰然倒塌。

美国主导的广场协议，催长了日本经济的泡沫。六年后泡沫破灭，日本从此陷入直至今日长达20年的经济大衰退。

随着中国经济三十年的迅速崛起，随着欧盟统一货币和市场的形成，中国、欧盟与美国，形成全球经济鼎足而立的“三极”。

黄金既可以是国家强大的象征，也可以是国家懦弱的祸根。它像一种终极力量，浸淫了人类的灵魂，左右着人类的命运。

伦敦，世界黄金交易的中心。在今天，现货交易的黄金都是以“伦敦金”来命名。它和悉尼、香港、苏黎世、纽约的黄金交易所一起，构成了一个全球24小时不间断的黄金交易平台。一个市场停止交易之后，另一个市场就会接力开市，世界任何一个地方的投资者在周一到周五的任何时间段，都可以随时进行黄金交易。

世界已经以这样的方式，紧密地联系在一起。纽约的价格会影响香港的行情，苏黎世的交易气氛也会影响悉尼的市场信心。当人们能够强烈地感受到全球化带来的便利的同时，也必须适应随时可能出现的市场起伏。

2011年8月23日这一天，国际市场的黄金现货价格，第一次突破了每盎司1900美元大关，达到了一个新的高度。

史蒂夫·福布斯（Steve Forbes）《福布斯》杂志总编辑

与其说是黄金价格上涨，不如说是人们对于美元和其他纸币的信心下降。

凯瑟琳·申克（Catherine Schenk） 英国

伦敦金价

伦敦金价之所以重要，与伦敦黄金市场在世界黄金交易中的核心地位密不可分。伦敦垄断了以前世界最大产金国南非的全部黄金销售，使得世界黄金市场的大部分黄金供给均通过伦敦金市进行交易。伦敦黄金市场上的五大金商在国际上也声誉卓著，与世界上许多金矿、金商都有广泛的联系；五大金商有许多下属公司，下属公司又与许多商店和黄金顾客联系，这个范围不仅涉及伦敦黄金市场，而且扩展到整个世界。加上在定价过程中，金商提供给客户的是单一交易价，没有买卖差价，价格比较合理，所以许多人喜欢在定价时进行交易。因此，在"黄金屋"里，由五大金商代表几乎全世界的黄金交易者，包括黄金的供给者、需求者和投机者们，决定出一个在市场上对买卖双方最为合理的价格，而且整个定价过程是完全公开的。由此，在定价时进行交易的客户可以肯定地知道这个成交价是合理的。正因为伦敦金价有以上的特点，伦敦黄金市场价格成为世界上最重要的黄金价格。

伦敦黄金交易所

格拉斯哥大学国际经济史教授

很明显，这次黄金价格上涨是因为人们担心全球经济状况：全球金融市场的形势进一步恶化，特别是货币市场变得极不稳定。

张杰　中国人民大学财金学院副院长

为什么人们把信用寄托在黄金的身上？那是因为整个全球的货币金融经济体系不能够提供持续稳定的信用。

陆红军　上海国际金融学院院长

一种纸币的价值变化以后，人们不得不去看它的真实价值。而黄金是最能反映货币的真实价值的标志性商品。所以黄金价格必然会上去。

回望世界现代经济史，我们可以发现这样一种现象：黄金价格的持续上涨，往往伴随着的是经济危机的到来。1929年大萧条期间，黄金价格从每盎司20.67

黄金重量的计量单位

黄金重量的主要计量单位有：盎司、克、千克（公斤）、吨等。国际上通用的黄金计量单位为盎司，我们经常看到的世界黄金价格都是以盎司为计量单位的。目前我国国内习惯上以克来做黄金计量单位。其折算关系是：1吨=35273.4盎司；1盎司=31.1克。

1929年美国经济大萧条时期民众挤兑银行

美元升至35美元；1979年7月，弥漫西方世界的金融危机爆发，半年内黄金价格从每盎司277美元涨到历史性的850美元；1987年，以“股灾”为标志的金融危机爆发，当天黄金价格就涨到了每盎司500美元以上。

21世纪的第一个十年，黄金的价格保持了连续上涨，终于达到了一个令人望而生畏的高度。伴随着世界范围内的又一轮经济危机的到来，面对巨大的国际压力，中国的人民币应不应该升值？作为美国最大的债权国，持有1.1万亿美元美国国债的中国是否应该减少对美国国债的持有，以求自保？面对无数的质疑和必须回答的问题，已经融入世界经济的中国将向何处去？

大卫·瓦因斯（David Vines） 英国牛津大学经济系教授

这是一个双重挑战，一方面要使货币储备国际化，另一方面又要应对人民币的升值问题。我认为对中国的决策者来说，如何兼顾到这两方面是一个很大的挑战。

阿尔弗雷德·梅特勒（Alfred Mettler） 美国乔治亚州立大学金融学教授

中国必须考虑扩大自己的消费即国内消费，使之也具有吸引力。因为从长远来看，一个国家不太可能那么强烈地依赖出口贸易。

大前研一 日本经济评论家

我认为中国领导人今后数年将面临很难控制的局面。为了刺激宏观经济，向市场注入资金，会导致通货膨胀。

凯恩斯故居

美国财政部长助理怀特

黄金成色的标识

市场上黄金制品成色的标识主要有两种。一种是用百分比标识，如G999表示纯度为99.9%。一种是用k标识。k是表示黄金纯度的单位，即“克拉”。根据国际标准，每k等于4.1666%。如G24k指纯度为99.6%以上的黄金。我国黄金首饰的通用规格主要有9k（37.5%）、14k（58.3%）、18k（75%）、22k（91.6%）等几种，低于9K则不能称为黄金首饰。

在经济全球化的今天，面对诸多的各种矛盾与风险，中国是将踏出智慧和坚定的关键一步，还是被动地滑入一个无法脱身的陷阱呢？“以史为鉴，可以知兴替”，此时此刻，当我们回顾世界范围内曾经面对经济危机的不同国家所做出的不同反应与抉择，或许会给今天的中国带来警醒与启示。

1945年9月的一天，位于美国华盛顿的美联储大楼迎来了一位声名显赫的访客，他就是英国著名经济学家凯恩斯。凯恩斯在经济领域崇高的学术地位早已被国际社会所公认，而这次他的到来，却是以英国政府特使的身份出现。此行的目的是要向美国寻求帮助，因为英国经济已经出现危局。凯恩斯带来的寻求经济援助清单，总额高达60亿美元。

此时的凯恩斯，内心既沉重又痛苦，经历过第二次世界大战，英国的社会状况可以说民不聊生。一些政治家需求的是虚伪的尊严，他们呼吁英国不需要援助，但国内的经济状况又实在是低迷与混乱。

刘精香　华南师范大学教授

他去的时候满怀信心，认为作为昔日的日不落帝国，而且作为前美国宗主国的使者去美国，是不应该遭到美国拒绝的。但是在第一次谈判中，他就遭到了回绝。而且美国提出，你们先把自己的储备用完再说。这使他的自尊心受到了很大的伤害。

其实，国内巨大的政治压力，以及竭尽全力挽回帝国荣耀的重任落在凯恩斯身上已经不是第一次了。在第二次世界大战即将结束的1944年，凯恩斯就前往美国布雷顿森林，与各国代表商议建立战后的世界经济体系。当时，自信的凯恩斯筹划了战后重建计划，希望能够得到各国的支持。然而凯恩斯失望了，美国财政部长助理怀特提出的重建方案被大会接受，而此人正是凯恩斯学术思想的忠实追随者。

当时，所有人都能感觉到，怀特的这个方案把美国放在了一个多么有利的位置上，凯恩斯试图利用自己的声望对方案进行修正，但一切都是徒劳的。这时的凯恩斯才明白，属于大英帝国的时代已经结束，接下来，世界经济的游戏规则毫无疑问是由强者来制定的。

查尔斯·古德哈特（Charles Goodhart） 伦敦政治经济学院经济学教授

1945年以后，我们没有其他选择。美国是当时最强大、最发达的国家，也是实力最强的国家。在这种情况下，最发达、最强大的国家成了世界外汇储备体系的领头羊。

沈丁立 复旦大学美国研究中心主任

布雷顿森林体系是地球有人类以来第一次以一个单国的货币作为世界基础货币的世界金融体系。

王勇 北京大学国际政治经济研究中心主任

在某种程度上，国际关系仍然遵从所谓的丛林法则。也就是说谁有权力，谁的力量最大，谁就说了算，谁就来制定规则。

李强 清华大学人文社会科学院院长

人们都希望我们有一个不要丛林法则的社会，有一个仁爱的社会，有一个讲仁义礼智信的社会，有一个和平的世界。可惜全部的历史都在告诉你一个完全相反的结论。

今天，美元与黄金已经不再挂钩，但美元主导的世界经济体系仍然得以延续。在过去的六十多年间，围绕这样一种经济体系，不同国家选择了不同的应对方式。合作与竞争、融合与排斥贯穿始终，种种不同的应对方式，也深刻影响了它们各自的命运。

1991年11月15日，一份秘密文件被送到了时任苏共中央总书记戈尔巴乔夫的办公室。在这份《关于苏联国家银行的黄金储备》的报告中，涉及到一个令官方感到不安的消息：到1991年10月，苏联的国家黄金储备下降到240吨，而这

戈尔巴乔夫（1931— ）

前苏联解体时场景

样的储备仅仅相当于苏联最大竞争对手美国黄金储量的3%。

作为第二大黄金生产国，在十三年前的1978年，苏联的黄金储备总量还高达3000吨。十三年间，出于冷战对峙、与美国展开军备竞赛的需要，大量的黄金被投入到军事工业和核武器的研究开发之中，从3000吨直线下降为240吨。短短十三年，苏联国家的黄金储备量还不足原来的十分之一。

就在戈尔巴乔夫接到这份报告的两个月后，1991年12月25日，苏联解体，世界上一个存在了69年的超级大国就此成为历史。

苏联的解体震惊世界，人们纷纷开始探寻其中的原因。各种研究结论、学术报告大量登台。其中引人关注的是2006年一本名为《帝国的消亡》著作的出版，作者的身份特殊，他就是俄罗斯经济学家，曾经担任俄罗斯联邦代总理的叶戈尔·盖达尔。在这部著作中，叶戈尔·盖达尔认

《帝国的消亡》

曾在俄罗斯前总统叶利钦掌权时期担任代总理的叶戈尔·盖达尔亲历了苏联解体的全过程，并有机会掌握大量翔实的内部资料。在本书中，作者从介绍世界历史上各帝国衰落的过程开始，从呈现20世纪80年代前苏联经济状况入手，抽丝剥茧似的分析了由食品短缺、物价飙升、货币危机、金融失信、石油价格下跌、政策失当而引起的经济恶化，如何一步步地演变为危机，演变为灾难，演变为破产，最后演变为政治失控，导致了苏联的消失。

叶戈尔・盖达尔（1956—2009）

《帝国的消亡》

为，黄金储备量的急剧减少，是造成苏联最终解体的一个重要原因。

陆南泉　中国社会科学院俄罗斯研究中心副主任

到了1990、1991年进口粮食、进口必需的消费品的时候，海外的、国外的货轮停在港口，因为没有钱支付，货物上不了岸，停在那里。苏联已经不能支付，经济已经非常困难了。

黄仁伟　上海社会科学院副院长

20世纪80年代后期，美国中央情报局已经预测到苏联要崩溃，因为它用大量的黄金买小麦，在世界上大家都能看见。到了1989年前后，即戈尔巴乔夫的最后几年，苏联已经山穷水尽了。

张军　复旦大学经济学院副院长

很可能整个高层都没有意识到黄金储备大量减少对苏联意味着什么，实际上意味着苏联完全断绝了跟西方国家唯一可能在粮食或其他必需品上往来的支付手段。这对苏联来讲就好像是被卡住了脖子。

作为一个与西方经济世界长期隔绝的大国，苏联深知黄金储备对国家的重要意义。西方国家不会接受卢布，但却绝不会拒绝黄金。早在1921年，当时的苏维埃俄国就用黄金从国外换回了大批机器设备、燃料以及粮食，对恢复第一次世界大战给国家经济带来的创伤起到巨大作用。1963年，苏联动用372吨黄金来进口粮食，超过了当时全部黄金储备的1/3。1965年，再次耗费335吨黄金购买粮食。尽管苏联是世界黄金生产大国，可是，这样的入不敷出又能维持多久呢？

虽然后来的苏联依靠石油的出口，暂时解决了黄金储备量的不断下降，但最终出口石油的收入也远远不够偿还西方的债务，于是苏联又不得不再次启用黄金储备来帮助偿还外债，国家的黄金储备量又一次迅速减少。而此时，苏联经济制度设计中的一个明显缺陷带来了巨大的威胁。

张军　中国经济研究中心主任

我们讲居安思危，可是我觉得苏联真的是居安，但是从来不会想到思危。这是一个非常严重的问题。在二三十年的时间里，苏联石油的收入居然几乎占据了整个国家收入相当大的一部分，苏联居然没有考虑到外汇储备的必要性。

卢锋　北京大学国家发展研究院副院长

外汇储备首先是一种资产，也是一种硬通货，它可以满足一个国家国际收支的流动性的需要。

向松祚　中国人民大学国际货币研究所副理事长

一个国家的出口和进口不可能永远随时平衡的，所以它必须有一部分储备起来，以便以后买东西。就好像你赚到工资以后，不可能马上就买东西，你总得有点储蓄。储蓄是为了以后买你想要的东西。

当时，面对以美元为主导的国际经济体系，苏联经济貌似是一个独立于潮流之外的封闭体，但究其实质，苏联早已通过黄金换取粮食、石油出口换汇，进入世界贸易体系当中。既然参与其中，就要遵守游戏规则。国际经济的价格体系，使并没有做好充分思想和制度准备的苏联经济吃尽了苦头。

20世纪60年代，苏联在西西伯利亚开发了储量惊人的石油与天然气，疲软的经济被注入活力。但苏联领导人忽略了一个前提：那就是，缺乏合理的经济结构，没有完备的经济制度设计，而过分依赖别人设计的游戏规则，短暂的幸福就很有可能转瞬变为无限的痛苦。事实是，当石油价格稳定上涨时，出口石油为苏联带来了丰厚的回报；但是随着国际油价急剧下跌，手足无措的苏联只能面对经济的崩溃而毫无还手之力。

保拉·苏巴齐（Paola Subacchi） 英国皇家国际事务研究所首席研究员

当时世界上存在两个具有不同影响力的阵营。苏联阵营是在世界市场之外的，他们不参与，并且拒绝与美国或欧洲进行贸易来往，甚至根本不具备一种可以交易的货币。他们完全在经济体之外。

黄仁伟 上海社科院副院长

如果经济是没有活力的，又是封闭的，和世界市场是没有融合的，它就很难保持持续增长。

赵锡军 中国人民大学财金学院副院长

伴随着全球化，我们的经济不断地发展起来，同时我们的经济也不断地融入到全球经济中间，我们的经济利益已经跟全球经济的利益很深地结合在一起了。所以，当别的地方出现一些问题，肯定会影响到我们的利益，我们是跑不掉的，也是离不开的。

20世纪以来，整个世界似乎已经越来越紧密地联系到了一起。这样的现象，如果从经济角度看就会变得更加清晰。在这样一个前提下，无论一个国家是强是弱，是大是小，都必须建立起一个健康、自主的指导思想，融入到世界经济体系当中。全球经济一体化的本质告诉我们，任何一个国家要发展壮大，既不能脱离这个体系，也不能过于依赖这个体系。

1990年到2000年的短短十年间，日本的外汇储备就从771亿美元迅速增长到3616亿美元，提高了近五倍。而早在1993年，日本就已经超越美国，成为世界第一大外汇储备国，这一纪录一直保持了十三年。世事难料，就在这外汇储备增长最快的十年间，日本经

国家外汇储备

国家外汇储备是指一国货币当局所持有的、可以用于对外支付的国外可兑换货币。并非所有国家的货币都能充当国际储备资产，只有那些在国际货币体系中占有重要地位，且能自由兑换其他储备资产的货币才能充当国际储备资产。我国和世界其他国家在对外贸易与国际结算中经常使用的外汇储备主要有美元、欧元、日元、英镑等。

济却陷入了低迷，至今日本人还沮丧地称这段时间为“失去的十年”。一方面是外汇储备成为世界第一，而另一方面又是长期的经济衰落。这样的悖论被无情地呈现在世人面前。

沈丁立　复旦大学美国研究中心主任

美国在第二次世界大战后，向日本开放市场，使日本大量的便宜东西涌向美国，这样一来就造成日本经济同美国紧密的一体化。

张海冰　上海国际问题研究院世界经济研究所副所长

允许日本单方面限制美国产品进入日本市场，但是对日本产品进入美国市场大开方便大门，所以说在日本经济起飞的时候，美国的助推力是相当大的。

袁钢明　清华大学中国与世界研究中心教授

美国对日本自己的贸易保护给予了妥协和退让。所以日本在一种自我保护、自我发展的情况下又获得了对外的扩张、扩充、扩大。

在美元与黄金等同的时代，对于依赖美国经济的日本来说，日元是通过和美元挂钩而与黄金联系在一起的。这样的做法在一定时间内保持了日元与美元汇率的稳定。直到1971年，美元与黄金的关系被无情切断，这就意味着，与美元挂钩的日元与黄金的联系从此不复存在，同时日元与美元被推入了一个浮动汇率的飘摇时代。

美元与黄金的脱钩，一方面使各国的纸币陷入到完全依靠国家信用维系的危险境地；而另一方面，也使主导国美国大大丰富了摆脱困境与转嫁危机的手段。1985年9月22日，美国召集日本、英国、联邦德国、法国四国财长在纽约举行会议。会后，由五个国家发表的联合声明被称作“广场协议”。

张海冰　上海国际问题研究院世界经济研究所副所长

美国为什么会推出广场协议？其实美国当时处于两难境地：一方面它的财政赤字一直居高不下，贸易赤字也在不断累积，国内的通货膨胀又相当高，13%左右，失业率也相当高。整个经济进入高通胀、低增长、高赤字的一种滞胀的状态。当时美国政府所希望的一种解决办法是什么呢？采取紧缩性的货币政策，收回流动性，能够让通胀降下来；同时采取扩张性的财政政策，促进出口。那么怎么促进出口呢？货币贬值，增加你的竞争力。你要让货币贬值，你就让其他货币人为地升值。所以美国当时就强压日本货币升值，促进美国产品的出口。

袁钢明　清华大学中国与世界研究中心教授

大概1982年到1984年这段时间，美国经济衰退得很厉害，贸易赤字也很厉害，日本则出现了贸易顺差。两国之间发生了贸易摩擦。在这种情况下，它们就达成了广场协议。

野口悠纪雄　日本早稻田大学研究生院教授

广场协议签订的时候，正是日本对美大量出口汽车的时候。当时日本汽车的出口量稳步增加，美国的汽车市场被日产汽车占据，美国汽车产业处境艰难。为了拯救汽车产业，美国试图通过改变汇率，即使美元贬值、日元升值的方式来解决这个问题。于是美国带头签订了广场协议，实现了日元和马克的升值。可以说广场协议不过是美国借以拯救本国经济的手段而已。

丁一凡　国务院发展研究中心世界发展研究所副所长

汇率调整之后，日本就有一点急了，因为严重影响了日本的出口竞争力。日元大幅升值，一下翻了一番，于是乎日本就使用了宽松的货币政策、财政政策，想以此来抵消日元升值的压力。

黄泽民　华东师范大学国际金融研究所所长

这时候，日本央行采取了一个措施，就是大幅度降低利率。日本当时之所以考虑降息，主要是因为想以此弥补由于日元升值对经济的冲击。它可能想得很美好，觉得降息以后，投资成本就降低了，

广场协议

20世纪80年代初期，美国财政赤字剧增，对外贸易逆差大幅增长。美国希望通过美元贬值来增加产品的出口竞争力，以改善美国国际收支不平衡状态。“广场协议”的表面经济背景是解决美国因美元定值过高而导致的巨额贸易逆差问题，但从日本投资者拥有庞大数量的美元资产来看，其深层次目的是为了打击美国的最大债权国——日本。

企业可以去购买机器设备，扩大投资，扩大生产，企业的生产财务成本也比较低，最后又可以推动出口——产品便宜了嘛。它原来是这样想的，结果事与愿违，钱流到了土地上，钱流到了股票市场上。

大前研一　日本经济评论家

所以广场协议是美国为了拯救本国经济而采取的将美元强制贬值的措施，但是使日本遭遇了泡沫，而之后泡沫又崩盘了，导致了日本持续至今的低增长。

按照广场协议的设计，日本政府不得不采取宽松的宏观经济政策，尤其是货币金融政策，这就导致大量资金涌向了股票市场和房地产市场，进而推高了资产价格。对经济增长的盲目乐观在这种情况下助推日本资产市场价格大幅上涨，严重的经济泡沫就此形成。

1989年，一本书的出版引发了大多数日本国民的推崇。这本书的名字叫《日本可以说“不”》。书中骄傲地回顾了过去四十年间日本经济的飞速发展，并且认为，日本应该加强在经济和外交领域的自主地位，没有必要一味追随美国。

这样的呼声表达出日本泡沫经济时期盲目乐观的国民情绪，而这种情绪在当时的日本风靡一时。大家认为，此时日本这个战败国看起来确实已经具有表达“不”的底气了。1989年，索尼公司以34亿美元的价格，成功收购了美国文化象征之一的娱乐业巨头哥伦比亚影片公司；而三菱公司则以14亿美元，购买了被誉为美国国家象征的洛克菲勒中心，这样的举动，似乎表明日本已经具有买下整个地球的经济实力。

刘江永　清华大学国际问题研究所副所长

1980年前后，日本的经济如日中天，就好像现在的中国经济一样。每到元旦，打开报纸一看，总是日本的机器人世界第一，日本的造船世界第一，日本的钢铁世界第一，日本的汽车世界第一等新闻。日本很多方面都在世界上夺取了第一名。

袁钢明　清华大学中国与世界研究中心教授

日本经济最高潮的时候，我正在东京大学学习。当时日本经济史已经对这一段时间做出了很多总结，认为日本进入了一个稳定的黄金增长时代。没有人意识到它的危险性，没有人，真的。

然而泡沫终究有破碎的那一刻，就在那本著名的《日本可以说“不”》的畅销书出版仅仅一年以后，几乎所有的银行、企业和证券公司同时出现巨额亏损，房地产价格的下跌紧随其后，就连被誉为“寸土寸金”的东京银座，地价也跌去了60%。此前被日本人收购的美国洛克菲勒中心又重新变换了主人，这个主人正是主导“广场协议”，竭力推动日元升值的美国。

行天丰雄　日本国际通货研究所理事长

我认为20世纪70年代后期到90年代的日本经济泡沫，是“广场协议”之后针对日元升值的对应政策的错误，或者说，是过度依赖货币宽松政策所造成的。

野口悠纪雄　日本早稻田大学研究生院教授

我个人觉得是日本没能很好应对世界经济大环境的变化，才致使日本经济从90年代中期开始衰退，而且这种状态一直持续到现在。

张海冰　上海国际问题研究院世界经济研究所副所长

日本最大的失误就在于它采取了无条件地顺从的措施，放弃了自己的货币主权，放弃了自己的货币政策的独立性。

沈骥如　中国社科院世界经济与政治研究所研究员

日本失去的十年，我认为主要不是因为日元汇率上升，而是因为日本错误的经济政策，以及它整个社会投机心理的爆发和恶性发展。投资房地产，投资股市，造成了股市和房地产价格的不正常飙升。这个经验很值得我们借鉴。

正当日本陷入“失去的十年”而不能自拔的时候，欧洲却迎来了一个新的发展起点。1991年，经过了几十年的酝酿、磋商、争执、妥协之后，欧洲12个国家的首脑在荷兰小城马斯特里赫特签订条约，欧洲人梦寐以求统一货币的理想在这一刻见到曙光。

查尔斯·普罗克特（Charles Proctor） 英国Edwards Wildman律师事务所合伙人

我相信美国并不欢迎欧元成为国际上第二个储备货币，毕竟没有人喜欢竞争。

徐明棋 上海社会科学院世界经济研究所副所长

在当时欧洲领导人的脑海里，一直有一根弦，就是与美元竞争。因为欧洲在经济一体化、市场一体化以后，感到迫切需要在货币上统一起来，保护自己的一体化的利益。

对统一市场和稳定汇率的渴望，对货币自主的追求，终于超越了各国的分歧与外在的阻力。 1999年，在21世纪到来的前一年，世界上一种全新的货币：欧元正式诞生。对此1999年诺贝尔经济学奖得主罗伯特·蒙代尔这样评价：欧洲各国通过合作建立欧元，为其他地区乃至全世界统一货币体系的形成提供了一个示范的视角。英国《金融时报》的专栏主笔戴维·马什专门撰写了文章，他强调：欧洲货币一体化最关键的两个国家是法国和德国，这两个国家在历史上可谓是有世仇的国家，但是为了一

1991年欧元

体化进程，这两个国家甚至达成了和解，也正是法德的和解，让欧洲货币的一体化成为可能。

丁纯 复旦大学欧洲研究中心主任

在这十年当中，也就是欧元启动到现在的十年当中，美元作为储备货币，就全球来讲，其比重从原先的70%下降到现在的60%，而同期以欧元计价的储备货币，从1999年的将近18%上涨到了现在瓣将近27%，也就是说基本上已经达到了全球储备货币的四分之一左右的比例，增长是非常迅速的。作为第二大国际储备货币，欧元实际上形成了对美元一枝独秀的这样一种不合理国际货币体系非常明显的挑战。

任何一个国家的发展固然离不开世界环境因素的影响，因为全球一体化的世界潮流，使得任何一个国家都不能置身事外，越来越多的复杂因素必然会对一个国家的发展与进步产生作用。事实证明：能够真正引领一个国家，一个民族保持进取之心的决定性力量，从来都不能奢望对外部环境的过分依赖，而是产生于这个国家能否把命运紧紧掌握在自己的手中。

梁小民 北京工商大学教授

我们要加强中国经济的独立性，就是说像中国这样的大国，你不能指望依靠世界经济自己就能持续增长。

向松祚 中国人民大学国际货币研究所副理事长

如果你没有全球货币体系这个话语权，你就不能参与国际货币体系的建立。对中国这样一个大国来说，我们在整个国际资源配置体系、收入分配体系里面还居于非常弱势的地位。

欧元的诞生

1999年1月1日，欧元在欧盟各成员国范围内正式发行。它是一种具有独立性和法定货币地位的超国家性质的货币。根据《马斯特里赫特条约》规定，欧元于2002年1月1日起正式流通。目前欧洲货币局发布的欧元有七张，面值分别为5欧元（灰色）、10欧元（红色）、20欧元（蓝色）、50欧元（桔黄色）、100欧元（绿色）、200欧元（黄色）和500欧元（紫红色）。票面由窗户、大门和桥梁三个基本建筑要素构成，分别代表欧盟之间的开放、合作与沟通精神。

季瑞达　上海美国商会主席

我们认为中国还要参与规则的制定。这个要求是合理的。如果中国能够在制定和完善规则的进程中有所表现，这也是另一种形式的大国责任。

大前研一　日本经济评论家

现在的中国已经拥有发言权，借用日语外来语的说法就是“走自己的路”。我认为自己的做法是很重要的，勉强自己做些做不到的事也只是得不偿失。

陈雨露　中国人民大学校长，央行货币政策委员会委员

历史的经验是需要我们去汲取的。最重要的一条，就是要弄清楚什么是内功，什么是招式。货币还只是一个招式，内功还是我们自己本身的生产力的强大，本身的经济实力的强大。

黄金虽然已经退出了国际货币体系舞台的中央，然而，过去六十年，它仍然闪耀在世界经济体系中几个主要国家的发展脉络之中，用一种理性的光芒提示着今天的执政者，如何从历史的成败得失中找到属于自己的坐标。

“啊，多么耀眼的黄金！”哥伦布在第一次登上美洲大陆的时候这样兴奋地呼喊。当黄金被人类的双手捧起、并且让人类见到了它太阳般美丽耀眼光芒的时候，黄金就此与人类世界紧紧地联系在了一起。

黄金曾经是身份和权力的象征。无论它在哪里都会被人们顶礼膜拜。

黄金曾经是沟通人类交往的信使。它与阿拉伯商人的驼铃相伴，在丝绸之路上栉风沐雨；它与哥伦布船队的风帆同行，在大西洋上历经风浪，见证了人类文明的地理大发现。

黄金也曾经是契约的象征。它被写进法律，成为国家制度的组成部分。此时的黄金好比血液之于身体，流淌着，带给人类以生命和健康。

黄金既可以是国家强大的象征，也可以是国家懦弱的祸根，它像一种终极力量，浸淫了人类的灵魂，左右着人类的命运。

千百年来，黄金没有变化，它依然是那样的光彩照人，注视着人类社会的变迁。它就是一把标尺，永远度量着人类曾经走过的路。它就是一面镜子，准确的折射出人类的美貌与丑陋，善良与邪恶；它变成了一座灯塔，映照着人类的现在与未来。

独家访谈
EXCLUSIVE INTERVIEW

第一财经：当前的经济危机反映出世界经济格局怎样的问题？您如何看待当前的经济危机？

夏斌　国务院发展研究中心金融研究所名誉所长

当美国经济危机2007年刚刚爆发的时候，小布什总统还没有下台。小布什曾经说，是华尔街的贪婪引起的危机。我在2008年底的中国金融学会的大会上讲话，我说华尔街贪婪，难道上海的陆家嘴就不贪婪？北京的金融街就不贪婪？英国的伦敦城就不贪婪？我认为贪婪是人类几千年、上万年基因的遗传，都贪婪。但是贪婪就必然造成世界大危机吗？不可能。由此我想说，贪婪绝对不是危机的根本原因。有人说监管不力，我说：是监管不力，还是当时不愿意监管？2004年美国证监会等有关部门还在放松监管的杠杆，所以不是监管不力。格林斯潘曾经说过，美国的金融市场充满了弹性，就是当时美国在实行低利率政策时，好像感觉没有问题，物价上不来，金融市场充满了弹性。所以我不认为它是想监管，我认为它没有监管。

当然今天看有监管的原因，真正造成危机从根上讲还是货币原因。也就是说，格林斯潘从2001年开始到2004年连续十三次下调利率，从百分之六点几降到百分之一点几，刺激了美国的房产业，然后财富效应刺激了美国的消费，美国的消费占美国GDP 70%多。消费起来了，美国的GDP增长了，高度繁荣低物价，就是这种原因造成的。当然发展中国家、新兴国家，包括中国，在这类危机中间也有一个助推作用。我们的结构也没有调过来，我们处于增长中的兴奋，延续了这样的路径拼命地出口，赚了钱，然后投资美国金融市场，助推了这个金融市场的繁荣，最后美国次贷危机成为转折点，泡沫一下子破了。

所以危机的深刻原因，就是美国宏观政策放松，判断失误。它想利用这次全球化来维护美国的经济利益，但是弄巧成拙，后院着火。那么我又想说，是它的宏观政策导致后院着火。我们再想一想，日本、中国的政策能这样吗？那为什么美国能？那是深刻的制度原因，是因为当今的国际货币体系是以美元为主导的货币体系。世界储备货币中的65%都是美元，大家都愿意拿美元，所以它就有这个条件来实行扩大货币、放松货币的政策。

第一财经：面对新的国际经济形势，中国应该如何来思考自身未来的发展与命运？

卢锋　北京大学国家发展研究院副院长

中国经济三十年快速增长，有这样一个表现，最重要的因素之一或者最重要的因素，排到第一位的就是制度的推动，改革开放制度的推动。通过这样一个制度的转型，释放出一个巨大的能量，使得我们巨大的经济体在开放的环境下不断增长。但是我觉得中国的改革并没有完，就是说我认为现在剩下的一些改革的焦点或者改革的问题，在某种意义上可以用中国的一句老话来形容，就叫“行百里者半九十”。尽管我们改了很多，但剩下了可能相对量上好像有限的一些改革议程，实际上可能是非常艰巨的。改革如果还是相对迟滞，改革如果还是不能够得到切实较快地推进的话，在未来五至十年改革进程如果要迟缓的话，我认为会大大地影响中国经济最后能达到的一个历史性的高度。为什么这么说呢？因为从人口的结构来看，中国在快速老龄化，再过十年、二十年，中国快速增长的最佳时间口基本上就过去了。所以在这个阶段，一个要快速增长，第二个要改革，把一些基本的制度安排得大体对头，使得我们经济增长的质量、内涵以及它带来的福利能达到一个更高的层次。不然的话，我想，中国经济增长尽管挺快速地增长，但是如果质量很不够，然后深层的矛盾由于改革的滞后而得不到很好解决的话，中国经济的发展前景其实还是很有限的。

编导手记

感悟先知的悲怆

一晚读《凯恩斯传》，读到1945年凯恩斯出访美国的一段，心底突然间被触动了。

那并不是一次光荣的出访。作为英国的特使，凯恩斯此行需要乞丐般地向美国证明自己的祖国面临的困难已经到了无法收拾的境地，由此得到美国的资金援助。

那次出访的结果颇为令人尴尬。一方面，美国并不愿意毫无保留地支持英国；而另一方面，美国国内的各个政治派别，出于不同的目的，也猛烈地抨击凯恩斯，说他办事不力，抑或是鼓动民众，说英国根本不需要援助。

当时的凯恩斯已经蜚声海内外。内心骄傲的他，要在他的一群思想追随者面前卑躬屈膝地证明自己的祖国现在有多么困难，然后尽力为那个已经日薄西山但同样内心骄傲的国度多讨一点他国的贷款援助；他既要讨到援助，又要尽力保留作为前宗主国的颜面，还要面对国内民众的责难。

读到这一段，我忍不住想，对这个骄傲而敏感的经济学家来说，那该是一种怎样的煎熬呢？

果然，再读几页，就看到了凯恩斯去世的段落。这个将要影响未来世界半个世纪，治世主张被各国政府奉为经典的经济学家，在孤独中离开了人世。

凯恩斯的心情，二十年后的戴高乐想必能够理解。正如戴高乐在自己的回忆录里写下的最后一句话：“我怎么会不知道，有益于法兰西民族的东西既会在舆论中遭到指责，也会在选举中遭到失败呢？”

戴高乐从美元危机的迷雾中看到了黄金与美元脱钩的趋势，也看到了自己国家存在的经济安全风险，因此鲜明地提出恢复金本位的主张，甚至不惜用飞机从美国运回交易所得的黄金。然而其他国家却从各自的利益出发，反对实施金本位。这也就罢了，最让戴高乐伤心的是本国的民众。他们从自身的就业、收入等现实因素考量，也不支持金本位的回归，并由此迫使戴高乐辞去了总统。

戴高乐这个性情刚烈，即使在法西斯威胁下也未曾低头的硬汉，这次却不得不屈服了。从此，他郁郁寡欢。和凯恩斯一样，他也在失意中离开了人世。

后来世界经济的发展，印证了戴高乐的预言：黄金与美元脱钩，世界进入了不稳定的状态。只是那时，戴高乐能够留下的，也只是回忆录里那句哀怨的话了。

无论是凯恩斯还是戴高乐，他们无疑是所处时代的伟大人物。然而他们却常常是孤独的。时代的脚步迫使他们不得不独自面对自己的悲伤。尽管他们的种种努力对自己的国家都是弥足珍贵的，但他们就是得不到民众的支持。

与他们的命运相似的还有康有为。1910年，康有为写出了《金主币救国议》，建议中国应当效仿欧洲，实行金本位制。

此前近十年时间，康有为游历欧洲，亲身感受到了中国货币制度的落后。回国后，他以一介文人的身份，发出经济预言：如果不能实行货币制度的变革，中国的银行将纷纷倒闭，对王朝的经济秩序将产生重要的影响。

说句题外话，若不是做《黄金时代》的节目，我根本就不会知道，康有为也曾提出过建立金本位的构想；甚至，我都不会知道，康有为曾经用近十年的时间游历西方各国。此前接受的历史教育，把我的视野范围框死在了戊戌变法和保皇党两个彼此孤立的时间节点上，却不曾想过，这个19世纪末叶中国历史上举足轻重的人物，为什么却在20世纪最初的十年消失得无影无踪。

自然，如果单从结果上看，康有为和凯恩斯、戴高乐并没有什么不同。他的出现与消失，都没有改变中国历史的进程。当时的货币制度改革固然面临着许多现实困难，但最关键的，还是无论当时的政府还是民众，都有意无意地忽视了康有为。他的救国主张，被看作是一个老人的呓语。随着王朝的最后一缕浮尘灰飞烟灭，彼时的中国，不可避免地走向了继续衰败的道路。

有天突发奇想，觉得如果把凯恩斯、戴高乐和康有为这三个人物的故事拼在一起做成一集，名字就叫《先知的悲怆》，大概也会是耐人寻味的。虽然一时无法从理性的角度梳理这些故事的意义，然而单就他们悲剧的命运，也足以令人唏嘘感叹了吧。

无论是时势造英雄，或是英雄出时势，英雄个人的命运总还是与时代正向联系的，历史上这样的英雄有很多。可是另一方面，人类世界也并不缺乏这样一种另类的英雄：他们比常人看得更远，能够准确地预知未来，而被后世称作“先知”。可是这样的先知却往往是孤独的。他们因为看到未来的危机，面对现世做出提醒，在他们所处的年代却显得那样不合时宜；他们希望以一己之力挽狂澜于既倒，可最后的结局，却往往是他们自己倒在狂澜之下。

即便如此，他们还是知其不可为而勉力为之。他们的身上，由此显现出悲怆的色彩。在潜在的危机面前，他们试图将时代拉回正确的轨道，可是时运与国运的旋涡却裹挟着他们，奔向了危局。

这似乎成了人类无法摆脱的轮回：总是在一次次为自己的无知付出代价之后，才会意识到先知的可贵，才会在代价之中找到真理。

《黄金时代》纪录片导演　陆熠欣

世界黄金大事记

7000年前	今保加利亚境内瓦尔纳一带发现人类历史最早的黄金制品，说明人类开始识别和使用黄金已有7000年历史。
6000年前	古埃及法老开始使用镶有金柄的石刀和金项链。
前37世纪	古埃及人使用防火黏土制成的吹管对熔炉从矿石中提炼黄金，这是人类历史上首次黄金冶炼。
前27世纪	古巴比伦人制作人类历史上最古老的黄金首饰——一件由青金石、玛瑙和柳叶形金坠组成的头饰。
前15世纪	中国商朝开始铸造铜贝，是世界上最早使用金属铸币的国家。
前7世纪	吕地亚铸造世界上最早的金币斯托特，含金54%，银46%，重约4.74克。
前522—前485年期间	波斯帝国国王大流士进行货币改革，铸造金币达利克，1达利克等于8.16克黄金。
前5—前3世纪	中国楚国铸造金币郢爰，重约250克，含金一般在90%以上。
前3世纪	第一座罗马铸币工场开办，铸造金币奥里斯（10.1克黄金）、银币德尼安（4.55克）和铜币阿斯。1奥里斯相当于25德尼安或250阿斯。
前221年	秦始皇统一中国货币，推行半两钱，以金币为上币。
前118年	中国汉朝发行五铢钱。
7年	中国王莽进行货币改革，实行黄金国有化政策。至他死时，国库储金70万斤。
227年	波斯萨珊王朝开始铸造金银币。
3世纪	罗马帝国硬币荒引起经济紧缩，物价上涨。

312年 ● 罗马皇帝君士坦丁进行货币改革，铸金币（索利都斯奥莱士斯，重4.55克）和银币（半西里克，重1.30克）

621年 ● 中国唐高祖废五铢钱，铸开元通宝。

7世纪 ● 阿拉伯人开始铸造金币第纳尔。

781年 ● 法国查理大帝进行货币改革，制定银本位制，1镑相当于1斤白银。

9世纪 ● 中国开始使用纸币（飞钱）。

1023年 ● 中国宋朝在四川设立交子务，次年发行第一界交子，自1贯至10贯。

1251年 ● 中国元朝定银钞相权法，用白银来维持交钞的稳定。

1252年 ● 佛罗伦萨铸造基督教西方最初的金币弗罗林，重3.6克。

1260年 ● 法国铸造金币法郎，重3.88克。

1370年 ● 欧洲主要金矿完全枯竭，欧洲地区黄金产量急剧下降，陷入长达50年的“金块荒”。

1374年 ● 中国明朝皇帝朱元璋设立“钞局”，发行纸币“大明通行宝钞”，是世界上首次发行不用贵金属维系，只以国家信用担保的“纯信用纸币”。

1407年 ● 意大利威尼斯出现世界上第一家银行。其后数十年间，荷兰、德国、英国也相继设立银行。

1492年 ● 意大利航海家哥伦布发现美洲新大陆。

1497年 ● 西班牙初次使用从新大陆输入的白银铸造银币都罗。

1531年 ● 世界上第一个交易所安特卫普交易所创立。

1532年 ● 西班牙人弗朗西斯科·皮萨罗征服印加帝国，掠夺黄金将近5吨，比当时欧洲一年的黄金生产量还多。9年后印加帝国灭亡。

1537年 ● 西班牙初次使用从新大陆进口的黄金铸造金币埃斯库多（重

3.10克）和双埃斯库多（重6.20克）。

1570年 ● 西班牙入侵东南亚，开外国银元流入中国之路。

1637年 ● 英国东印度公司船只第一次来中国。

1660年 ● 瑞典斯德哥尔摩约翰·帕尔姆斯特鲁银行发行最初的纸币。

1693年 ● 葡萄牙人在巴西米那司粲莱斯州发现金矿。

1717年 ● 英国发行重7.69克的金币畿尼，币值确定为21先令。英镑始终固定在 111克白银，相当于7.32238克黄金。

1720年 ● 中国清朝广州商人组织公行，外国银元大量流入。

1731年 ● 中国清朝在北京设立官钱局，以平物价。

1794年 ● 美国开始铸银元。

1797年 ● 英国实行英镑强迫流通市价。

1800年 ● 法兰西银行开办，之后确定法郎重45克白银或290.33毫克黄金。

1803年 ● 意大利帕维亚大学布鲁纳特利教授进行世界上第一次电镀实验。镀金术改良了物质的导电性，对于现当代许多科学技术都是必不可少的。

1816年 ● 英国通过《金本位制度法案》，确认把黄金作为货币的本位来发行纸币。5年后正式启用金本位制，英镑成为英国的标准货币单位，每1英镑含7.32238克纯金。

1830年前后 ● 西伯利亚发现金矿，使俄罗斯黄金产量大增。至1847年，俄罗斯黄金年产量占全世界60%。

1834年 ● 美元继续贬值，黄金价格上涨到1盎司20.79美元。

1844年 ● 英国颁布《银行特别条例》，规定在英国发行纸币。

1848年 ● 法国法郎实行强迫流通市价，法兰西银行获得全国货币发行垄断权。

● 美国加利福尼亚州发现金矿，立刻引起全世界的轰动，迅速形成规模空前的淘金热。

1851年 • 澳大利亚发现黄金，大量英国人抢着买船票赴澳洲淘金，遂使澳洲变成“黄金海岸”。

1861年 • 美国南北战争爆发，纸币开始大量发行，实行美元强迫流通，导致物价上涨，“通货膨胀”一词于此时出现。

1865年 • 通过拉丁货币联盟协定，法国、意大利、比利时和瑞士确认忠于金本位制，同时缩减白银的货币职能。

1873年 • 德国采纳金本位制。美国铸造贸易银元。

1878年 • 拉丁货币同盟各国采用金本位制。

1886年 • 南非发现黄金，各国的淘金者蜂拥而至。由于氰化法的应用，南非黄金产量自1898年起一直高居世界第一，直到2007年。

1900年 • 美国采纳金本位制。

1905年 • 中国清朝户部银行成立，三年后改为大清银行。

1910年 • 中国清朝颁布《币制则例》，采用银本位制，制定《造币厂章程》，铸大清银币。

1913年 • 美国建立联邦储备制度，美联储成立。

1914年 • 第一次世界大战爆发，各国实行黄金禁运及纸币强制流通。

1922年 • 热那亚会议，主张回到新形式的金本位制。之后几年间，奥地利、德国、英国、法国先后恢复变相的金本位制。

1929年 • 纽约证券交易所股票价格于10月24日雪崩般暴跌，被称为“黑色星期四”，引发直到1933年的全球经济大萧条。

1931年 • 世界许多银行股票暴跌，奥地利银行和德意志银行最严重，奥、德、英三国放弃金本位制。

1933年 • 美国总统罗斯福颁布禁令，禁止黄金出口，中止用美元纸币兑换黄金，命令美国公民上缴个人持有的黄金。次年将黄金价格固定为1盎司35美元。

1936年 ● 法国放弃金本位制。

1939年 ● 第二次世界大战爆发，各国全面控制汇兑。

1944年 ● 西方国家召开布雷顿森林会议，固定汇率和黄金兑换标准（1盎司35美元），成立国际货币基金组织和世界银行。

1950年 ● 中国制定《金银管理办法》，冻结民间金银买卖，明确规定国内的金银买卖统一由中国人民银行经营管理。

1961年 ● 美、英、法、德、意等国家成立黄金总汇，联合平抑黄金价格。

● 美国贝尔实验室把黄金结合线应用于微晶片设计。时至今日，每年有数以亿计的集成电路应用此技术。

1968年 ● 西方各国放弃1盎司35美元的固定金价，允许自由浮动。黄金总库解体。

1971年 ● 美国总统尼克松于8月15日发表电视讲话，关闭黄金窗口，停止各国政府或中央银行持有美元前来兑换黄金。

1973年 ● 国际市场黄金价格冲破100美元大关。

1976年 ● 国际货币基金组织修改章程，放弃固定汇兑平价，不再以黄金作为参照。

1979年 ● 国际市场黄金价格冲破500美元大关。

1980年 ● 国际市场黄金价格于1月21日创下850美元的历史新高后开始下跌，12年的黄金牛市宣告结束，步入长达20年的黄金熊市。

1982年 ● 中国于9月恢复出售黄金饰品，迈出中国开放金银市场的第一步。

1985年 ● 美、日、德、法、英五国于9月22日签订“广场协议”，诱导美元对主要货币汇率贬值，以解决美国巨额贸易赤字。日本经济泡沫由此开始膨胀。

1989年 ● 日本股市日经指数于12月29日创历史最高38957点，之后一路下跌，宣告日本经济泡沫正式破灭。日本从此陷入二十多年的经济大衰退，直至今日日经指数仍然在10000点以下徘徊。

1997年 ● 亚洲金融危机于7月2日在泰国爆发，之后席卷马来西亚、新加坡、日本、韩国以及俄罗斯等国，亚洲经济急速发展的步伐遭到扼制。这场危机持续到1999年。

1999年 ● 国际市场黄金价格于8月26日创熊市以来最低251.9美元，远低于当时黄金每盎司的生产成本274美元。

● 欧洲主要央行于9月26日达成“华盛顿协议”，约定包括欧洲央行在内的15国央行五年内抛售黄金的限额为2000吨。

● 中国于11月25日放开白银市场，封闭了半个世纪的白银自由交易开禁。

2001年 ● 美国发生“911事件”，之后黄金价格一路上涨，开始了直至今日的新一轮牛市。

2002年 ● 上海黄金交易所于10月30日开业，中国黄金市场走向全面开放。

2007年 ● 美国两房次贷危机于8月爆发，之后迅速席卷美国、欧盟和日本等世界主要金融市场，并使房地产、能源、汽车等多个行业遭到沉重打击，从而引发覆盖全球的经济动荡，称为“金融海啸”。

● 中国黄金年产量增长至276吨，首次超过南非（272吨），位居世界第一。

2008年 ● 国际市场黄金期货交易价格于3月17日突破1000美元大关。

2011年 ● 国际市场黄金期货交易价格于4月20日突破1500美元大关，9月16日创此轮牛市最高价1922美元。

后记

因为我们还需要思想

程兆民
《黄金时代》纪录片
制片人、总撰稿

1971年8月15日，美国总统尼克松宣布停止美元兑换黄金的义务，切断了美元与黄金的联系。这一天的两个月之后，我才刚刚出生在胶东半岛的一个小山村。

1997年11月26日，亚洲金融危机爆发期间，世界黄金价格跌破每盎司300美元大关。这一年，我研究生毕业之后进入东方电视台，第一个职业岗位是做财经记者，从此开始接触纷繁复杂的财经世界。

2003年8月1日第一财经成立之后，我在第一财经电视频道任晚间财经新闻责任编辑，每天编排的新闻报道中，几乎都会有一条资讯报道纽约商品期货交易所黄金的价格，当时每盎司黄金的价格在350到400美元之间徘徊。

2008年3月14日，全球金融危机爆发之后，黄金的价格突破每盎司1000美元。黄金，再一次成为全球投资者的避风港。2010年之后黄金的价格更是不断上涨，连创新高。在这样的背景下，第一财经电视频道总监谢力、频道副总监陆天旗提出了以黄金为载体，创作一部大型系列电视纪录片的构想。虽然我已经从事财经新闻和专题采编工作十多年了，但是这个时候，对于黄金这个话题，我还是所知甚少。硬着头皮，我和我的团队接下了这个创作任务。

古希腊哲学家苏格拉底曾经说过：“我知我无知。”在康健宁总导演苏格拉底式的不断诘问下，我意识到了既然自己不懂，首先就要承认自己的无知，这样才能让自己进步。黄金到底是什么？黄金在人类的历史上起到了什么样的作用？我们到底要通过黄金来表达什么？在康健宁导演抛出的一系列问题的拷问下，我带领我们的团队开始了一次艰难的跋涉。

在查询资料阶段，我才真正意识到梳理黄金与人类关系的历史几乎是一个前所未有的课题。因为在人类出现之前，黄金就已经在大自然存在了，在这么漫长的历史中，我们的创作过程就像大海捞针一样，不知道航行的坐标到底在哪里？国内关于黄金资料的短缺更是增加了创作的难度。我们曾经为此焦虑过，我们曾经为此夜不能寐，反复问自己，我们到底认识黄金吗？我们想通过黄金来表达什么？

在大量阅读的基础上，我们迅速地确定了纪录片整体的创作方向：

对于黄金与人类相生相伴的这段历史，其中的重大历史变迁我们要客观认识，力求准确地来讲述这段大多数人不了解的历史。

纪录片必须要有关于黄金的历史故事。在故事的选择上，我们要看到的是这个故事对我们今天的启示和思考。如果这一点做不到，导演就要放弃这个故事。

我们为什么要关注黄金？因为历史上每个大国的崛起，都与黄金息息相关；因为黄金所代表的财富标准，与我们每一个人息息相关；因为黄金背后所传递的信息，深藏着一个国家和民族进步的密码。认识黄金，其实就是认识我们自己，认识我们自己的国家。

对于黄金的认识，我们选择采用了一个多学科的思维模式。从历史、经济、文化到法律、社会、政治、哲学，对于黄金这么一个自然界的“怪物”，我们需要从多角度去认识，力求客观。

黄金的力量，开始在我们导演的眼前越来越清晰。黄金，曾经是权威的标志，更是财富的象征；黄金，曾经是完美金融制度的化身，更是契约精神薪火相传的载体。从黄金的角度看，近代中国在全球化第一次浪潮中的落后，很大程度上是中国金融制度的落后。在游历了欧洲国家并感受其金融制度的先进后，清朝思想家康有为1910年发出了这样的感慨：“夫以五千年文明之古国，万里之广土，四万万之众民，而所以致亡之理由，不过是银落金涨之故，岂不大可骇笑哉！”在康有为看来，中国近代的落后跟黄金背后所代表的金融制度息息相关。

在与康健宁总导演，《黄金保卫中国》作者张庭宾，执行总导演黄骥反复讨论，反复对我们搜集的材料进行质疑的基础上，我们确定了每一集的主题。

在这样的基础上，我撰写了第一集《黄金的力量》、第五集《尊贵的黄色》、第六集《论战黄金》；陆熠欣，一位文采斐然的导演，撰写了第四集《左右为难》、第七集《亚洲的黄金》和第八集《理性之光》；冯露丹，一位美丽而又执著于纪录片创作的女导演，撰写了第三集《从朱元璋到罗斯福》；何思翀，一位美丽而又聪明的女导演，撰写了第二集《黄金转身》。在我们反复修改了无数遍稿件的基础上，康健宁总导演又亲自操刀，对我们的稿件进行了电视化语言的润色以及思想的提炼。没有他的精心雕琢，我们这个节目达不到现在的思想高度。

采访拍摄的过程，同样考验着每一位年轻导演的学识和视野。对于采访对象，我提出了明确的高标准要求，那就是要寻找国内和国际范围内真正研究历史、哲学、法律、经济以及研究黄金的专家学者。在访谈过程中，我们按照总导演的要求，想尽一切办法让采访对象讲得深入浅出，通俗易懂。对于这个团队的年轻导演们来说，这次采访也是一次前所未有的磨练，因为，一个多学科的思维模式的建立，不可能一蹴而就；而一次次面对面的访谈，既需要导演的激情，更需要导演的智慧。幸运的是，这些年轻的导演们都很聪明，学习能力非常强，他们也乐意寻找智者，聆听智者的智慧，并和智者同行。

相比电视新闻和专题节目来说，拍摄电视纪录片的周期比较长。能不能坚持到底，能不能执著地走下去，也考验着团队中每一个人。当大多数人选择短期利益的时候，我们选择了长时间来做一件事情，静下心来不受干扰显得无比重要。当然在我们长途跋涉的过程中，有人选择了离队，有人选择了逃避。对于这些，我只能说一声非常遗憾。但是对在这次远行中给予我们鼓励和帮助的每一个人，我们都铭记在心。

2011年6月底，我曾经到著名欧洲史学家金重远教授的家中拜访，向他当面请教欧洲发展的历史以及这段历史中与黄金相关的话题；2011年12月6日，在第一财经演播室，金重远教授接受了我的专访。然而世事难料，令我无比痛心的是，2012年6月7日，却传来了金老师突发心脏病去世的消息。这一天，我难忍自己的泪水。先生音容笑貌犹在，先生学识风范长存！

2011年12月8日晚上，北京大学历史系朱孝远教授来到上海广电大厦，对我们的节目创作提出了中肯的意见。他鼓励说，当今世界经济大乱，东方世界的一帮年轻人在东方明珠下，思考世界和中国的前途未来，在世界经济危机下，中国经济将向何处去？把中国乃至全球的思想者汇集在一起，展现我们年轻人自己的意图，寻找一条走向共赢、双赢的道路，这本身就是一件非常有意义的事情。

著名货币史学家、复旦大学经济系教授叶世昌先生，刚在医院动完手术不久，就专程来到第一财经，接受了《黄金时代》纪录片的专访。中国日本史学会会长汤重南先生，也是在医院动完手术不久，就在北京接受了导演陆熠欣的专访。

著名黄金史专家蒂莫西·格林先生，已经八十高龄，研究黄金的时间历经五十年，在伦敦接受导演何思翀长达两个小时的采访。

原中国人民银行行长、全国社保基金理事会理事长戴相龙，中国人民大学校长、央行货币政策委员会委员陈雨露，著名经济学家张卓元，著名法学家李步云，著名历史学家张椿年，上海交通大学法学院院长季卫东，复旦大学社会学系教授胡守钧，北京大学光华管理学院教授张维迎，《人类群星闪耀时》中文翻译作者舒昌善，诺贝尔经济学奖得主费尔普斯教授、马斯金教授……人数众多，我就不一一列举了，他们都不厌其烦地接受了我们的采访，为我们的节目贡献了他们的学识和智慧。

一路跌跌撞撞走来，黄金在人类历史上所迸发出的巨大力量，令我无限感慨。

黄金，激发了哥伦布等欧洲人追逐财富的贪婪欲望，占有黄金的动机就这样促成了人类文明的地理大发现。

黄金，被铸成金币之后成就了商人的地位。1293年，佛罗伦萨工商业者颁布了《正义法规》，市民作为独立的政治力量登上了历史舞台。

黄金，被作为金融制度的象征之后推动了大英帝国的崛起。1816年，英国率先制定了金本位制度法案。自此之后，一个国土面积不足25万平方公里，人口不超过6000万的岛国，引领世界前行一百多年。

黄金，被美国人充分利用。美国依托黄金与美元的联系，在20世纪初迅速崛起成为一个超级大国。但是美国最终却又丧失信誉，割断了黄金和美元的联系，并且把黄金深锁在诺克斯堡金库。基辛格博士说，谁掌握了货币发行权，谁就掌握了世界。而早在20世纪30年代，著名经济学家马寅初在监狱中创作《通货新论》一书时就指出，当时的美国，已经有了操纵世界货币的野心。

在货币史专家看来，黄金就是世界货币，信用货币也是指黄金。

一路摸索着走来，人类思想的光芒穿越历史，震撼着我的心灵。当无数佩带黄金饰品的帝王将相化为尘土，令人感叹的是，在历史长河中，人类，能留下的只有思想。

为了捍卫自己的信念，古希腊哲学家苏格拉底没有选择逃跑，而是从容喝下一碗毒酒，用自己的死亡诠释了什么是真正的契约精神。

一颗螺丝钉的价值胜过40万两黄金，正是靠着小栗忠顺不惜牺牲生命而捍卫的坚定信念，日本这个民族，才在第一次全球化浪潮席卷而来的时候，迅速崛起为世界强国。

为了捍卫普通人的财产不受通货膨胀的侵蚀，英国古典政治经济学家大卫·李嘉图不畏权贵，发出了实行金本位制度的呐喊。穿越了历史的迷雾，李嘉图的呐喊，在经济危机爆发的今天看来，依旧振聋发聩。

一次从无知到有知的学习过程，也让我对中华民族在黄金面前错失的历史机遇扼腕长叹。与世界上大多数国家和民族一样，中国人无比地喜爱黄金，但是在世界商业文明崛起的同时，中国人没有看到黄金背后所深藏的契约精神的精髓。在20世纪初期迎接世界第一次全球化浪潮的时候，中国人错过了黄金。一个古老的帝国在国门被强迫打开，财富被无情洗劫的同时，也留下令人难以忘却的耻辱。

千百年来，黄金并没有任何改变，改变的是人类自身。而黄金的历史，就是一本冷酷的历史教科书。当人类利用好黄金，它可以迸发出巨大的力量，推动一个国家和民族长盛不衰；当人类过度迷恋黄金，它又会像巨大的火焰，吞噬我们善良的灵魂。为了黄金而杀伐征战，你争我斗，人类的悲剧因而不断上演。

反观当下的中国，为了追逐金钱，为了追逐短期利益，丧失了道德底线的一幕幕仍不断上演。就在《黄金时代》纪录片制作期间，仍然有很多令人忧虑的消息传来：

有些中国企业家借了高利贷，因为企业资金链断裂，最后一跑了之。在他们身上，完全丧失了契约精神。

有些先富起来的中国人生活奢侈成风，买奢侈品，买名车，不知道富起来该做什么。中国人开着名车出车祸的消息也时有传出。金钱所掀起的欲望，让一部分人迷失了自己人生的方向，

有些中国企业诚信意识缺乏，假药、假食品、地沟油……金钱，让这些人丧失了最起码的道德底线。

又有更多的中国富人选择移民海外，因为他们担心自己的财富安全。

……

这样的事情看起来都与黄金无关，但是这些事件的背后，都折射出中国人财富观念的缺失。我们到底为什么要获得财富？我们获得财富的目的是什么？获得了财富之后，我们该拥有一个什么样的财富观？中国在富强崛起之后，越来越多的中国人迷失了。这些问题的答案，其实都在黄金的历史中。古罗马哲学家西塞罗曾经说，历史是时代的见证，真理的火炬，记忆的生命，生活的老师和古人的使者。忘记历史，我们很容易重蹈覆辙。

中国的崛起已经是不争的事实。三十年的改革开放，已经造就了中国的富强崛起。但是，与市场经济相匹配的契约精神、道德观、价值观和法治观，在中国还远远没有建立起来。我们这个民族在一百年前就错过了黄金，错过了商业文明。黄金的历史带给我们的启示是，一个国家，仅仅靠着富强崛起了还不够，我们还需要文明的崛起。

一个世界性的大国，仅仅有相当数量的黄金还不够，要想长盛不衰，这个国家还要拥有正确的财富观，因为成由勤俭败由奢。

一个世界性的大国，仅仅有无数签订的契约还不够，还需要有真正的契约精

神。因为，一个没有契约精神的国家，不可能有真正的商业文明。

一个世界性的大国，仅仅有廉洁的政府还不够。还需要有无数愿意为这个国家的发展做出奉献的高尚的人。因为，只有高尚的人，才能引领这个国家前行。

一个世界性大国，仅仅有无数的公司还不够，我们还需要有真正的企业家精神。因为，优秀的企业家是大多数人的表率，他们的一举一动，都有人在效仿。

一个世界性的大国，要想真正进入黄金时代，还需要有完善的制度，保障本国公民的财产权。因为财产权是人人生而平等的保证。

更重要的是，一个世界性的大国，其国民还需要独立思考，自由地思想。

这是一个最坏的时代，也是一个最好的时代。

我们希望的黄金时代，是一个公平地获得财富的时代，是一个公正地使用财富的时代，是一个安全地守护合法财富的时代，更是一个人与人之间相互信任的时代。

感谢原中国社科院世界经济与政治研究所所长余永定先生，他不厌其烦地为我们推荐专家、学者，让我们 获益很多。

感谢二百多位受访嘉宾，与你们的交流，增加了我们的知识和智慧。

感谢盛视盛品国际文化传媒（北京）有限公司陆宽率领的制作团队，没有他们的辛勤付出，《黄金时代》纪录片不可能这么精彩。

感谢山西教育出版社荆作栋社长、刘立平副总编以及本书编辑团队的每一位成员，没有他们的辛勤付出，我们的纪录片就不可能变成这么一本图文并茂的图书。

感谢我们创作团队中的每一位同仁，我们同甘共苦的日子永远是美好的回忆。

感谢支持我们的每一个个人和机构，你们鼓舞了我们前行的信心。

一个民族如果只知道吃穿住行，而没有思想，那么这个民族是不可能有未来的。法国思想家帕斯卡尔说，人的尊严在于思想。让思想的光芒照亮我们未来的行程。

《黄金时代》纪录片 主创人员名单

总导演	康健宁
总策划	谢　力
总制片人	陆天旗
学术顾问	陈雨露　张庭宾　季卫东　叶世昌　金重远　胡守钧
策划	汪　钧　贺亚君　张志清　李经衡　周　洁
总撰稿	程兆民
执行总导演	黄　骥
导演　撰稿	陆熠欣　冯露丹　何思翀
总摄影	王晓峰
摄像	王　皙　钱晓鑫　孔凡天　罗四维　徐峥巍　托马斯·米勒
解说	谭江海
作曲	张大为
资料导演	钟　雯
资料	叶　汀　曾凡荣　王颖萱　吴浩亮
导演助理	钱跃文　贾　琛　刘梦晓
剪辑	张文博
动画总监	陆　宽
特效制作	邵思奇　陈　可　林良基　刘付东　潘子龙　张艳辉　魏　铮　李海嵘　贾宇熙　王舒正
动画监制	毛海生
技术支持	王浩泉　林　云　王　皙
节目推广	麦　挺　杨璐蔚　车　蕾　钱嘉伟　柏　云
制片	冯郁青　唐佳音　王　蕾　胡　岩
制片人	程兆民
总监制	秦　朔
出品人	裘　新
制作	盛视盛品国际文化传媒（北京）有限公司

鸣　谢

北京大学　清华大学　中国社科院
中国人民大学　复旦大学　上海交通大学
中国政法大学　首都博物馆　洛阳博物馆
安徽博物馆　全国社会保障基金理事会　上海黄金交易所
中国国际经济交流中心　刘鸿儒教育基金会　新华都商学院
中华元智库　英国伦敦政治经济学院　英国驻沪总领事馆
意大利驻沪总领事馆　日本驻沪总领事馆　第一财经驻纽约记者站
第一财经驻伦敦记者站

感　谢

所有为本片提供支持的专家学者和机构

网络合作单位

新浪微博 weibo.com　搜狐视频 tv.sohu.com　腾讯财经 FINANCE.QQ.COM　网易视频 V.163.COM
YOUKU优酷 世界都在看　iQIYI爱奇艺　东方财富网 eastmoney.com 中国财经第一门户　和讯视频

《黄金时代》纪录片推广合作咨询电话：021 62565899-3606
手机：18621090176